• 대학 입시제도 개편 주요 내용 •

	2021학년도		2023학년도 (2021년 현 고2)	2024학년도 (2021년 현 고1)
학생부 비교과영역 축소		...목 축소 ...지, ...제공 제한, 자율동아리 기재 제한 등)		정규교육과정 외 비교과활동 대입반영 폐지
고교 교원 책무성 강화	• 학생부 신고센터 운영(2020년 3월부터) • 교과세특 기재표준안 보급(2020년 3월부터)			
자기소개서, 교사추천서	기재금지사항 검증 강화 및 불이익 조치 철저	자기소개서 개선 (문항·글자 수 축소)		자기소개서 폐지
		교사추천서 폐지		
학종 운영투명성 강화	• 고교정보 블라인드 확대(면접→서류+면접) • 고교프로파일 전면 폐지 • 평가기준 공개 양식 개발 및 대입정보공개 강화 • 외부공공사정관의 평가 참여 등			
학종 운영 전문성 강화	• 입학사정관 수 등 정보공시, 입학사정관 공통교육과정 개발 • 입학사정관 교육시간 강화 : 신임, 경력 모두 40시간			
정시 수능위주전형 확대			16개 대학* 수능 40% 이상 (2022학년도 조기달성유도)	16개 대학* 수능 40% 이상
사회통합전형 도입 의무화	• 사회통합전형 법적 근거 마련 • 재정지원과 연계하여 확대	• 재정지원과 연계 (사회적배려대상자 선발 10% 이상 의무화 및 지역균형 선발 10% 이상 권고)		
특기자전형·논술위주 전형 폐지	재정지원사업과 연계하여 폐지 유도			

자료: 교육부

*건국대, 경희대, 고려대, 광운대, 동국대, 서강대, 서울시립대, 서울대, 서울여대, 성균관대, 숙명여대, 숭실대, 연세대, 중앙대, 한국외대, 한양대

학생부종합전형

학년별
학생부

학생부종합전형
학년별 학생부

초판 1쇄 발행 2019년 1월 20일
초판 3쇄 발행 2019년 4월 25일
2 판 1쇄 발행 2019년 12월 26일
3 판 1쇄 발행 2020년 10월 8일
3 판 3쇄 발행 2021년 5월 10일

지은이   어준규 · 이수민
펴낸이   조종현
기획편집   정희숙
책임교정   이일서
표지 디자인   투에스디자인
본문 디자인   주경미

펴낸곳   길위의책
출판 등록   제312-25100-2015-000068호 · 2015년 9월 23일
주소   03763 서울시 서대문구 이화여대8길 123, 105-607
전화   02-393-3537 · 팩스 0303-0945-3537
블로그   https://blog.naver.com/roadonbook
전자우편   roadonbook@naver.com

ⓒ 어준규 · 이수민 2019

ISBN 979-11-89151-03-4(13370)

이 도서의 국립중앙도서관 출판예정도서목록(CIP)은 서지정보유통지원시스템 홈페이지(http://
seoji.nl.go.kr)와 국가자료공동목록시스템(http://www.nl.go.kr/kolisnet)에서 이용하실 수 있습니다.
(CIP 제어번호 : CIP2018042260)

학생부종합전형
학년별
학생부

어준규, 이수민 지음

길위의책

혼란의 입시?
남들의 혼란을 기회로 만들자

2017년에 처음 『학생부종합전형 학년별 학생부』를 쓰고, 책이 베스트셀러에 올랐을 때까지만 해도 『학생부종합전형 학년별 학생부』를 매년 개정해줘야 한다고는 생각하지 못했다. 학생부는 오랜 시간이 걸려도 잘 변하지 않을 문서라는 생각 때문이었다. 그런데 그 생각은 오래 가지도 못했다. 2019년에 고1인 학생을 대상으로 개정판을 냈고, 2020년에 고1인 학생을 대상으로 2차 개정판, 그리고 2021년에 고1, 고2, 고3이 되는 학생들을 대상으로 3차 개정판을 내게 되었다. 입시의 중심 대치동에서 매년 입시를 치러내는 저자들도 입시의 트렌드가 너무 빠르게 변해 숨이 가쁠 지경인데, 이를 접하는 학부모님, 학생들은 얼마나 혼란스러울까 걱정이 앞선다.

하지만 학생들이 대학을 안 갈 것이 아니라면 우리는 혼란스러운 상황에서도 방법을 찾아야 하고, 방법을 찾도록 도와주는 것이 입시 전문가인 저자들의 역할이라는 생각을 이번 개정판에 담기로 했다. 이 책은 아래 세 가지 물음에 답하고자 한다.

"2023년에 입시를 치르는 2021년 고1은 뭐가 어떻게 바뀌는 건가요?"

"2022년에 입시를 치르는 2021년 고2는 뭐가 어떻게 바뀌는 건가요?"

"2021년에 입시를 치르는 2021년 고3은 뭐가 어떻게 바뀌는 건가요?"

개정판의 주요 특징

파트 1에서는 헷갈리는 입시의 변화, 그 속에서 "매년 다 다른" 입시를 치러야 하는 학생, 학부모 입장에서 각각의 전형과 학생부에서 어떤 변화가 주되게 나타나는지를 다루고 있다. 파트 1에서 더 자세하게 설명하겠지만, 결국 우려하던 일은 일어나지 않았다. 학생부 관련 전형(교과, 종합)이 없어지는 일이 벌어지지는 않았다는 것이다. 하지만 어떤 변화도 일어나지 않았다는 뜻은 아니다. 학생부종합전형에서의 선발 방식의 겉모습은 변하지 않았으나 학생부와 평가요소가 제한됨으로써 학생부종합전형으로 선발되는 학생의 모습이 변화하고 그에 따라 우리가 학생부종합전형에서 고려해야 하는 점도 매우 많이 변화할 것이다. 따라서 파트1에서는 학생부 기술 방식과 평가 요소가 연도별로 어떻게 변화하는지를 체계적으로 정리해 살펴보고자 한다.

파트 2, 3에서는 학년별 학생부를 어떻게 꾸려나가야 하는지를 몇 년도에 입시를 치르게 되는지에 맞춰서 나눠 서술하였다. 특히 줄어든 비교과 반영과 기술 축소에 맞춰 어떤 부분에 방점을 두어야 하는지 설명하였고, 이제까지 중요하다고 여긴 부분 중에서 어떤 것이 중요해지지 않았는지 설명하면서 효율적으로 입시 변화에 대응해 나가는 법을 서술하였다.

파트 4에서는 학생부 작성의 실제 사례를 보여주고자 한다. 가장 고민이 많았던 파트인데, 학생부에도 많은 변화가 있었기 때문에 '기존 사례를 정답처럼 제시해도 될까?' 하는 고민이었다. 그래서 2022년에 필요한 부분들을 강조했고, 필요하지 않은 부분들을 많이 덜어내, 기존의 사례에 비춰 미래의 입시에 무엇이 중요할지 알 수 있도록 준비했다.

위기는 결국 관점을 달리하면 또 다른 기회이기도 하다. 변화하는 상황에 맞춰 발빠르게 대응하기만 하면 결국 남들보다 앞설 수 있기 때문이다. 입시도 마찬가지이다. 이제까지 입시가 바뀌지 않았던 적이 없었고,

학생 입장에서 유리하게 바뀐 적도 없었다. 하지만 이렇게 혼란한 시기에 누구보다 빠르게 변화를 파악하고, 대비한다면 오히려 이 위기를 기회로 만들어 누구보다 앞서나갈 수 있다고 생각한다. 이 책이 여러분의 위기를 기회로 바꾸는 데 큰 도움이 되기를 바란다.

어떻게 기록될 것인가

"'학생부종합전형'에서 가장 중요한 역할을 하는 것이 '학생부' 기록이라고 하는데 어떻게 관리해야 할지 막막해요."

"활동을 무조건 많이 하는 게 학생부 기록에 유리한가요?"

"1학년 활동을 망쳤는데 저는 좋은 대학에 못가는 건가요?"

이 질문에 답하기 전에 2015년 개정 교육과정에 따른 학생부종합전형의 평가 범위를 먼저 말해야겠다. 외부 활동을 반영할 수 없게 됐고, 학업 능력을 보여주는 창구였던 외부 수상과 자격(올림피아드, 교외 경시대회, 어학인증시험)이 전형 요소에서 배제됐다. 전형의 이름에서도 알 수 있듯이 학생부, 즉 학교생활기록부가 평가에서 가장 중요하며 거의 유일한 문서가 됐다. 그에 따라 학교생활 내에서 학업 역량을 비롯해 리더십, 창의성 등 다양한 역량을 보여주어야 할 필요가 높아졌다.

그러나 문제는 입학사정관이 학생의 학교생활을 직접 관찰하는 것이 아니라, '학교생활을 기록한 문서'를 관찰해 학생을 판단하고 있다는 것이다. 따라서 학생부에 어떻게 활동이 서술되는지, 그리고 학교가 학생에게 어떤 활동 기회를 제공하는지에 따라 서류가 '보여주는' 학생의 모습이 충분히 달라질 수 있다.

따라서 우리가 답해야 할 것은 크게 두 가지다. 대학이 뽑고 싶어 하는 학생의 모습, 즉 '인재상'을 학생부를 통해 보여줘야 하는데, ① 어떤 활동을 통해 그 모습을 보여줄 것인가? ② 그 활동을 학생부에 어떻게 잘 기록해서 평가자를 설득할 것인가?가 그것이다.

이 책의 특징

이 책은 앞의 두 가지 질문에 답하고 있다. 하지만 무엇보다 이 책을 쓰기로 결심한 가장 큰 이유는 교사와 컨설턴트의 관점에서 쓰인 책은 시중에 많지만, 학생의 관점에서 쓰인 책은 거의 없다는 점이었다. 이상적인 활동과 내신이 무엇인지 모르는 사람은 없다. 하지만 어떻게 하면 이상적인 활동을 할 수 있는지, 그 방법을 알고 있는 사람은 별로 없다. 아무리 좋은 계획도 실행할 수 없다면 의미가 없다. 그래서 이 책은 실제로 저자가 학생 때 했던 활동과 저자의 제자들이 학교생활에서 실행했던 실현 가능한 활동을 제시하고 있다. 또 시중의 책들처럼 어떻게 활동하라고 조언하는 데 그치지 않고 그 활동을 어떻게 학생부에 기록하는 것이 좋을지 개별적으로 설명하고 있다.

보통 학생부에 활동 내용만 나열하고 있는 것이 현실이다. 하지만 학생들은 저마다의 상황과 맥락 속에서 활동한다. 같은 활동을 하더라도 학생의 목표에 따라 보여줘야 할 측면이 다르다. 따라서 이 책은 그 활동을 내 상황에 유리하게 서술되게 하려면 어떤 전략이 필요한지를 학생부 서술의 기본 원리부터 짚어가며 천천히 가르쳐준다. 이 책을 읽으면서 단순히 남의 사례를 보고 배우는 것이 아니라, 컨설팅을 받는 것처럼 내 사례가 어떻게 서술되면 좋을지, 학생부 서술 방법을 배우고 스스로를 자가 컨설팅해보기 바란다.

이 책의 구성

파트 1 학생부종합전형이 필요한 이유 학생부종합전형을 왜 만들었고, 어떤 인재를 원하는지에 대한 가장 기본적인 전형 설명을 담았다. 학생부종합전형이 무엇인지 알아야만 학생에게 좋은 학생부란 무엇인지 알 수 있고, 왜 이것이 중요한지 알 수 있다.

파트 2 학생부 활동별 가이드 학생부 항목별로 어떤 활동이 있는지, 어떻게 그 활동을 조직하고 달성하는지를 구체적으로 설명하고, 경험자의 조언도 함께 담았다. 그리고 무엇보다 중요한, 그 활동을 어떻게 학생부를 통해 보여줄지도 우수한 사례를 바탕 삼아 적어두었다.

파트 3 각 학년별 활동 가이드 학생이 각 시기별로 어떤 고민을 하는지 경험적으로 분석하고, 그에 따라 어떤 활동을 하고, 어떻게 행동하는 것이 유리한지를 기술했기 때문에 각 시기의 고민점을 해결하는 데 도움이 될 것이다.

파트 4 학생부종합전형 합격생의 리얼 학생부 기록 저자가 직접 지도한 학생의 사례를 선별해 수록했고, 오히려 이상적인 사례는 전부 배제했다. 이 책에서 보여주는 학생부에는 전부 현실에 존재할 법한 문제가 조금씩 들어 있다. 그 문제를 어떻게 해결했는지 보여주고 필요한 경우 자소서 일부도 첨부함으로써 이상적인 사례가 아니라 현실적 문제를 극복해가는 조언을 담았다. 또 실제 학생부를 가지고 학생이 어떻게 평가되는지를 보여주고자 했다.

따라서 당장 고민하고 있는 문제라면 학년별 편에서 그 고민을 해결하고, 활동별 편에서 다음해, 다음 학기에 어떤 활동을 해볼지 계획을 짜고, 자신의 학생부를 리얼 사례편의 평가자 시선을 참고해 돌아본다면, 컨설팅을 받는 것 못지않게 자신의 학생부를 관리할 수 있다.

책을 출간하는 일은 언제나 즐겁지만, 그 과정은 고되다. 책은 두 저자의 산물이지만, 사실 두 저자가 있기까지 두 저자에 앞서 고민한 수많은 저자가 있었기에 고된 과정을 헤치고 책을 쓸 수 있었다. 그래서 고마운 사람들을 소개하고자 한다. 영원한 은사님이신 박여진, 유제숙 한영고 선생님, 노명철 대원외고 선생님, 제주에 계시지만 늘 따뜻한 도움을 주시는 변태우 선생님, 언제나 조언을 아끼지 않으시는 우리 내일신문 식구들, 대치동에서 늘 신경 써주시는 이해웅 소장님, 항상 응원해주시는 공부하는사람들 이지원 대표님, 테크빌 박영임 상무님, 더불어 사례 제공에 흔쾌히 응해준 제자들에게 감사하다는 말을 전하고 싶다.

PART 3 각 학년별 활동 가이드

학생부종합전형 합격생의 리얼 학생부 기록

학생부종합전형 학년별 학생부

학생부종합전형이
필요한 이유

학생부종합전형은 '학생부를 종합적으로 평가하는 전형'이다.

내신이든 출결사항이든 '숫자', '점수' 말고 그 너머의 것을 정성적으로 평가하는 방식이므로 결과가 아닌 학생 활동의 계기와 과정까지도 평가의 대상이다. 무엇보다도 눈에 보이지 않는 '불확실성'으로 평가된다는 사실에 학부모와 학생은 불안해하고 있다. 그러나 학생부종합전형은 학생의 경험을 보다 더 온전하게 평가하고자, 즉 학생을 위해 존재하는 것이다. 특히 2015 개정교육과정과 2020년부터 새롭게 시행되는 학생부 기재 방안을 보면 서류와 기록이 더욱 간소화됐다. 따라서 이런 불안이 더 커졌으리라 생각된다. 하지만 서류 간소화가 불확실성만 키운 것은 아니다. 오히려 기록 역량이 뛰어나지 않은 절대 다수의 학교와 기록 역량이 뛰어난 학교의 기록 격차가 조금 줄어들었다는 점에서 대다수의 학생에게 유리하게 작용할 수도 있다. 더 집중된 역량을 발휘해 짧아진 학생부에 효율적이면서도 의미있게 기록을 남겨 새옹지마의 기회로 삼을 수 있다. 이 파트는 바로 그 '짧음' 속에서도 알차고 효율적으로 기록하는 방법들을 알려주기 위해 필요한 기본 지식과 변화상을 보여줄 것이다.

2022학년도 이후 입시 시나리오,
핵심은 전형 구조의 변화와
짧아진 학생부다

"대체 그래서 학생들을 무엇을 보고 뽑겠다는 건가요?"

요즘 입시설명회를 가면 학부모들이 제일 많이 하는 질문이다. 사실 전문가랍시고 마이크를 잡고 있지만 뾰족하게 대답해드릴 말씀이 없다. 물론 명확하게 답을 제시하는 것처럼 보이는 사람도 있을 것이다. 하지만 지금 시점에서 어찌될 것인지 명확하다고 하는 말들은 대부분 사기다.

수능을 두 번 보자는 이야기부터, 대학별 고사를 부활하자는 이야기까지, 안 나오는 이야기가 없을 정도다. 명확한 것은 정해진 게 아무것도 없다는 것뿐이다. 이런 상황에서 "반드시 이렇게 될 거다"라는 말은 당연히 거짓말이다. 하지만 방향성을 알려드리는 것은 여전히 전문가로서의 책임이니,

어떤 방향성으로 입시가 바뀔지는 '예상'해보고자 한다.

질문 1. 학생부전형, 많이 줄어드나요?

제일 많은 분들이 궁금해하시는 것이 과연 정시 확대 기조와 학생부전형이 함께 갈 수 있느냐는 것이다. 정답부터 말씀드리면 같이 갈 수 있다. 원래는 같이 가면 안 되는데 우리나라는 아주 오래 같이 갈 것 같다. 많은 분들이 정시가 확대되면 학생부전형이 축소될 것이라고 생각하시는데 현실은 그렇지 않다.

2021학년도 연세대학교 모집요강만 봐도 어렵지 않게 알 수 있다. 학생부전형은 거의 줄지 않고, 정시인원이 약 300명가량 확대되었다. 이는 '논술전형 모집인원의 축소' 덕분에 가능했다. 이는 당연한 결과인데, 요즘의 갈등은 학생부 확대를 주장하는 진영과 정시 확대를 주장하는 진영 사이에서 비롯된 것이고 논술 확대를 주장하는 진영은 아예 존재하지 않는다. 따라서 이 둘이 요구가 절충되는 지점에 바로 '논술 축소'가 있다. 그래서 학생부전형을 유지한 채로 논술 인원을 줄여 정시 인원을 선발하는 방식으로 입시 전형의 구조가 변화하고 있다. 그렇기 때문에 학생부전형이 없어질 리는 만무하다고 보면 된다.

질문 2 학생부 기재 방안과 평가 방식, 어떻게 바뀌나요?

문재인 정부가 들어선 다음 부각된 공정성 논란은 굉장히 엉뚱한 방향으로 입시에 영향을 주게 됐다. 공정성 논란이 됐던 가장 중요한 이유가 모 정치인 자녀의 외부 인턴 활동이었는데, 사실 외부 활동, 수상은 이미 2014 학년도부터 원칙적으로 자소서 기재를 금지했다. 현재는 외부 인턴 같은 활동은 일어날 수 없는 부정임에도 사람들의 여론이 들끓자 다음과 같이 학생부와 평가요소의 주요 사안들이 개정됐다.

- 수상경력 학기별 1개만 적용
- 자율동아리 학년당 1개(30자 미만, 제목만 반영) *
- 소논문, 탐구보고서 등 기재 금지
- 자격증, 인증취득 대입 미제공
- 학교 밖 청소년 활동 단체명만 기재 **
- 봉사활동 특기사항 삭제 ***
- 방과후 활동 미기재

* 30자는 제목, 활동 기간을 쓰고 나면 거의 내용은 쓸 수 없는 글자수 제한이다.
** 기존에도 대부분의 학생에겐 큰 의미가 없었다.
*** 학생부에서 봉사활동은 이제 시간, 기관만 기록된다. 시간이나 기록 자체가 삭제된 것은 아니므로 주의하자. 또한 2021년 현 고2, 고3의 경우 이미 쓰인 봉사활동 특기사항은 그대로 유지될 가능성이 크다.

학교 밖 청소년 단체, 자격증/인증취득이 변화했다고는 하지만 체감하기는 어렵다. 인문계 고등학교 학생들이 취득 가능한 자격증이 거의 없었고, 대학 평가에 반영될 수 있는 것도 많지 않았으며, 학교 밖 청소년 단체도 소수의 학생들만 기재되던 부분이기 때문이다.

반면, 방과후 활동 미기재, 자율동아리 30자 기재는 학생부종합전형의 근간을 뒤흔들, 훗날 학생부종합전형이 다시 확대되는 기조에 선다면 가장 멍청한 정책으로 평가될 만하다. 학생들의 다양한 모습과 주도적인 관심, 지적 호기심을 보여줄 수 있는 부분을 기술하지 못하게 함으로써 학생들이 이제 방과후에 참여할 이유가 사라질 것이고, 활동의 자체는 나몰라라 한 채 이름 짓기에 혈안이 되는 '깜깜이 자율동아리'가 성행할 것으로 보이며, 대학들도 진정성을 갖고 평가하기 힘들어질 것이다.

봉사활동은 시간도, 내용도 이제 큰 의미성을 갖기 어려워질 것이다. 다만 자소서 항목이 유지될 것이므로 늘 그래왔듯 시간보다 자소서에 어떻게 봉사를 돋보이게 기재할까를 고민해야 하고 그 부분을 봉사활동 파트에서 눈여겨봐야 한다.

소논문, 탐구보고서는 원칙적으로 기재 금지라고 하나, 편법적으로 이를 기재할 방법은 트렌드에 따라 계속 생겨날 것이다. 방법을 세부능력 및 특기사항 파트에서 제안하고 있으니 반드시 살펴봐야 한다. 소논문과 탐구보고서가 금지됨에 따라 세부능력 및 특기사항의 중요성은 무조건적으로 올라갈 수밖에 없다.

딱 하나 긍정적인 변화가 있다면 수상 실적을 학기당 1개만 기재하게 한 것이다. 수상 독식과 몰아주기가 없어질 가능성이 크고, 학교별로 의미 없는 대회를 축소해 준비 부담이 줄어들며, 대회별 경쟁률도 줄어들어(학기당 하나 타면 끝이니까) 원래는 수상하지 못했을 친구들이 더 많은 수상 기회를 가져갈 수 있다는 점에서 그렇다.

2

왜 학생부종합전형이
필요한 걸까?

　학생부종합전형을 많이 이야기하지만 이는 전형의 취지에 공감하는 사람이 늘어나서 생긴 현상이라기보다는 주로 상위권 대학이 학생부종합전형으로 선발하는 비중을 늘리다 보니 저절로 나타난 현상이다. 그렇기 때문에 이 전형의 취지를 생각해보거나 고민해본 사람이 거의 없는 실정이다. 사실 이 학생부종합전형을 단순히 '스펙을 쌓는 전형', '자소서(자기소개서) 써서 대학가는 전형' 정도로 이해하는 경우가 많다. 전형의 취지나 목적을 생각하기 이전에 대학에 가는 데 필요한, '해야 할 일'을 먼저 떠올리는 것은 학부모와 학생 입장에서 어쩌면 당연하다.

　그러나 학생부종합전형으로 대학에 가려면, 먼저 학생부종합전형이 왜 생겼는지 그 근본을 먼저 따져봐야 한다. 문제를 풀 때 출제자의 의도를 먼저 파악하면 편하듯, 전형을 실시하는 취지를 이해하면 그 전형을 통과하기 쉬워진다. 다행히 학생부종합전형이라는 다소 거창하고 어려워 보이는 이름과 다르게 그 취지는 별로 어렵지 않다. 교육 정책 변화에는 매우 복잡하고 고상한 철학이 숨어 있을 것 같지만 실제로는 아주 현실적 이유가 있는 경우가 대부분이다.

창의성을 파악하려는 전형이다

필자는 MB 정부 시기에 대학에 입학했지만, 어렸을 때까지만 해도 영어 공부를 하려면 카세트테이프를 이용해야 했다. 지금 학생들은 뭔지도 모를 '공테이프'에 영어발음을 녹음해서 들으며 다녔다. 이렇게 공부하는 데 필수적인 물건이 있었으니 바로 '워크맨(훗날엔 '찍찍이'라고도 불렸다)'이다. 학부모님 세대라면 기억하시겠지만, 워크맨을 제일 잘 만드는 회사가 바로 일본의 '소니'였다. 물론 삼성에서도 워크맨(삼성 마이마이)을 만들기는 했지만, 당시 삼성 제품이 소니 제품을 뛰어넘는다는 것은 상상도 하지 못할 일이었다. 그런데 세상이 바뀌었다. 요즘 찍찍이는 없지만, 음악을 듣는다는 관점에서 보면 스마트폰이 그 역할을 대체하고 있는데, 삼성과 소니의 제품을 비교했을 때 누구의 제품이 세계 시장에서 더 경쟁력이 있을까? 당연히 삼성의 갤럭시 스마트폰이 훨씬 더 경쟁력 있다. 애플을 제외하면 시장 점유율이나 성능 면에서 삼성의 스마트폰을 따라올 기업이 거의 없다. 스마트폰뿐 아니라, 조선, 화학, 디스플레이, 반도체 등 수많은 분야에서 우리나라의 기업이 1등을 달리고 있다. 그런데 이 내용이 학생부종합전형과 무슨 관계가 있을까?

모 외국기업의 경영컨설턴트를 만난 적이 있다. 그는 예전에는 LG전자 같은 기업을 컨설팅하기 정말 쉬웠다고 말한다. 왜냐하면, 20년 전만 해도 선두였던 소니의 전략과 제품을 본떠 컨설팅해주면 됐기 때문이란다. 마치 삼성이 소니의 워크맨 성능을 조금만 바꿔 제품을 내놓았던 것처럼 말이다. 그런데 최근에는 LG전자나 삼성 같은 기업이 업계의 선두를 달리고 있기 때문에 베낄 전략이나 제품, 혹은 기업이 없어서 컨설팅하기 정말로 어렵다는 것이다. 농담이 섞인 푸념이었지만 사실 이 속에 우리 교육이 나아가야 할 방향, 그리고 그 방향 때문에 학생부종합전형이 탄생한 비밀이 담겨 있다.

학생부종합전형 이전에 주로 대입에 사용된 수능이나 학력평가 같은 시험을 생각해보자. 수능이나 학력평가는 기존 지식을 얼마나 빠르게 이해하고 암기하는지를 평가할 목적으로 만든 시험들이다. 오죽하면, 학력고사 세대들은 영단어를 외우겠다고 '사전을 씹어 먹는' 다소 우악스러운 방법까지 동원했다. 이 시험이 전성기를 누리던 80년대, 90년대는 '암기와 이해'가 인재를 평가하는 주된 가치였다. 주변에 잘나가는 여러 기업과 여러 다른 나라의 전략을 누구보다 빠르게 이해하고, 그대로 흡수해서 우리 것으로 만들면 발전할 수 있던 시절이었다.

오늘날 중국의 샤오미 같은 기업이 다양한 제품을 복사하고 선진 기술을 바싹 추격하며 기업 활동을 하는 것과 같다고 생각하면 된다. 즉, 이때 우리 사회가 학생들에게 요구하던 가치는 바로 '표준화'와 '효율성'이었다. 그런데 앞서 말했듯이 이제 우리 기업에게는 더 이상 베껴올 대상이 없다. 이미 우리가 선두에 있다. 이런 시대에 필요한 능력은 남의 것을 이해하고 흡수하는 능력이 아니라, 새로운 것을 만들어내는 '창조적인' 능력이다. 이전에는 주어진 조건에서 답을 누가 더 빨리 찾아내느냐가 핵심이었다면 이제는 문제 상황을 해결하는 본인만의 답, 즉 해결책을 창조적으로 이끌어내는 능력이 중요해졌다. 기존 지식을 기반으로 삼되 주어진 문제 상황을 해석하고 새로운 해결책을 도출해내는 창의성이 중요해졌다는 말이다.

협력과 리더십을 파악하려는 전형이다

창조에 더 필요한 요소가 있을까? 예전에 노벨상 수상자들을 보면 거의 홀로 수상했지만, 요즘은 그런 경우를 찾아보기 힘들다. 즉, 현대 사회에서 무언가를 새로 창조하려면 항상 '협력'이 필요하다는 뜻이다. 그러면 협력에는 무엇이 필요한가? 올바른 방향으로 진두지휘할 수 있는 '리더십'이 필요하다. 이런 필요성이 기업에서 터져 나왔고, 대학에서도 이런 가능성을 가진 인재를 찾고 기르고 싶어 한다. 패러다임이 변하고 있는 것이다.

그런데 창의력, 협력, 리더십 같은 가치는 시험 문제 풀이만으로는 측정하기 매우 어렵다. 그래서 이제 시험지가 아니라 면접과 자기소개서 그리고 활동을 고려해 학생을 뽑자는 이야기가 나온 것이고, 그런 전형을 예전에는 입학사정관제, 지금은 학생부종합전형이라 부른다. 창의적이고 협력할 수 있으며 리더가 될 수 있는 능력을 원하는 사회 분위기와 시장 수요가 있었고, 이런 요구가 대학에 미쳤다. 이 대학의 요구가 결국 고등학교, 중학교로 내려온 것이다.

● 기업-대학-고등학교로 이어지는 인재 수요 구조

3

학생부종합전형은
정성적 평가다

종합이라는 말의 의미

학생부종합전형은 '학생부를 종합적으로 평가하는 전형'이다. 문장은 쉽지만, 잘 이해가 안 가는 부분이 있다. 그 이유는 우리가 학생부, 평가, 전형이라는 말은 알지만 '종합적'이라는 말은 잘 모르기 때문이다. 일차원적으로 생각했을 때 '종합적'이라는 것은 결국 서류를 종합적으로 평가한다는 말이다. 그럴듯하다. 학생부의 특정 영역이 아닌 모든 영역을 종합적으로 평가한다. 대학교 대부분(한양대 제외) 자기소개서를 학생부와 함께 평가하니 '종합적'이라는 말은 지극히 당연하게 들린다. 하지만 이는 충분하지도 않고 평가의 본질과도 거리가 있는, 말 그대로 일차원적인 해석에 불과하다.

종합적이라는 것은 쉽게 말해 '숫자뿐 아니라 이유도 평가한다'라는 뜻이다. 예를 들어 소개하면 이해하기 쉬울 듯하다. 학생부를 보면 가장 첫 번째 페이지에 가장 기본이면서 중요한 내용이 적혀 있다. 바로 출결사항이다. 출결사항은 종류에 따라 결석, 지각, 결과로 나뉘고, 그 사유에 따라 무단, 질병, 기타로 나뉜다. 이 중 가장 안 좋은 것은 '무단'으로 행한 지각, 결석 결과다. 만약 어떤 학생의 학생부에 무단결석이 8일이 있다고 해보자. 정시나 교과라면 100점을 만점으로 해서, 무단결석당 몇 점씩 차감하는 식으로 출결점수를 반영한다. 어떤 학생이 무단결석을 8일이나 했다면, 소수점 몇 점으로도 합불이 갈리는 입시에서는 거의 승산이 없다. 이렇게 숫자 지표를 바탕으로 점수를 엄격히 계산해 평가하는 방법을 '정량'평가라고 부른다. 종합평가는 바로 이런 정량평가에 대비되는 개념이다. 무단결석이 8일인 학생이 있다면 정량평가에서는 이 학생의 점수를 8일치만큼 감점하겠지만, 종합평가에서는 다르다. 종합평가는 이 학생이 왜 8일이나 결석했는지 그 이유를 살펴본다. 살펴보니 학생의 행동특성 및 종합의견(학생부)에 "학생의 부모님이 이혼하시는 과정에서 가정에 불화가 생겨 아이가 방황했지만, 이내 마음을 잡고 다시 성적을 올릴 만큼 의지가 강하고, 인성이 바른 학생"이라는 평이 적혀 있었다. 가정 불화가 있음에도 불구하고 8일만 방황하고, 다시 성적을 올리고자 열심히 산 이 학생의 점수를 우리가 깎는 것이 바람직한 일일까? 비록 학생이 8일간 결석했지만, 다른 학생처럼 평범하게 살았다면, 화목한 가정에 있었다면, 결석도 하지 않고 더 좋은 성과를 내지 않았을까? 하는 고민이 들 것이다. 종합평가에서는 이런 고민을 하고, 이 고민을 바탕으로 이 학생이 비록 결석을 했더라도 성실하지 않다고 평가하지는 않는다. 이것이 바로 종합적인 평가이고, 정량평가와 대비된다고 해서 '정성'평가라고도 부른다.

정성평가에 익숙해지기

예시 하나만 더 살펴보자. 이전에 동아일보에 서울대 학생부종합전형, 즉 지역균형선발전형과 일반전형의 합격자와 불합격자들을 분석한 기사가 난 적이 있다. 요지는 불합격자들의 평균 활동 시간이 오히려 합격자들의 시간보다 조금 더 많았다는 것이다. 예를 들어 불합격자의 봉사 활동 시간이 합격자보다 오히려 2.3시간 더 많았다. 그렇다면 정말 이는 불공평한 선발이었을까? 말도 안 되는 소리다.

활동 시간이 많은 것과 해당 역량이 뛰어난 것은 별개의 이야기다. 이는 우리의 상식과도 매우 부합한다. 만약에 누군가가 시험공부를 10시간 했는데 5시간 한 다른 누군가보다 더 못한 성적을 받았다면 이는 불공평한가? 전혀 그렇지 않다. 역량도 마찬가지다. 역량은 시간을 투자했다고, 무언가를 했다고 저절로 생기는 게 아니다. 본인이 해당 역량 혹은 그와 닿아 있는 가치를 진정 배우고 느꼈는지가 중요하다. 단순히 활동 시간이 많다고 역량을 더 많이 갖추었다고 생각할 이유는 어디에도 없다.

제대로 이해했다면 이 질문에 답해보자.

"내신 1.0 등급인 학생과 1.5 등급인 학생이 있다면, 누가 대입에 더 유리할까?"

만약 1.0 등급이라고 대답했다면, 아직 '제대로' 이해하지 못한 것이다. 정답은 "모른다"이다. 누구를 선발할지 우리는 알 길이 없다. 왜냐하면, 내신 1.0 등급인 학생과 내신 1.5 등급인 학생 중 누가 더 좋은 인재인지 숫자만 가지고 평가하지 않기 때문이다. 내신 1.0 등급인 학생이 물론 공부는 조금 더 잘할 수 있다. 이해력이 조금 더 좋을 수도 있다. 하지만, 1.0 등급인 학생은 남을 전혀 도울 줄 모르는 학생이고, 1.5 등급인 학생이 남을 도와가며 함께 공부할 줄 아는 학생이라면, 누가 더 발전가능성이 있고, 누가 더 우리 사회가 필요로 하는 협동심이나 창의성을 갖춘 학생일 것인가? 당연히 이 경우에는 1.5 등급인 학생이다. 내신이든 출결사항이든 '숫자' 말고 그 너머에 어떤 현실이 있는지를 봐주는 것. 그것이 바로 학생부를 '종합'적으로 평가한다는 말의 의미다. 그래서 우리 아이의 진짜 모습을 보여줄 수 있는 부분이 학생부 중 어디에 있는지, 그리고 그곳에 어떤 말이 '쓰여야' 하는지 아는 것이 매우 중요하다. 그러므로 앞으로 나올 챕터들에서 하나씩 사례를 통해 알아볼 예정이다.

지금까지 내용을 잘 정리해보면 정량평가와 정성평가는 쉽게 구분할 수 있다. 정량평가는 '정량화된 결과'를 비교해 학생들을 선발하는 방식이다. 따라서 결과는 반드시 정량화할 수 있는 무언가, 즉 점수여야 한다. 반대로 정성평가는 점수 그 너머의 것을 정성적으로 평가하는 방식이므로 결과가 아닌 계기와 과정까지도 평가의 대상으로 삼는다. 우리가 마주하고 살아가는 세계 역시 그러하다. 우리 세계에 점수로 혹은 숫자로 환원할 수 없는 것은 무수히 많다. 학생의 경험 역시 그러하다. 결석을 몇 번 했는지, 수학 내신이 몇 등급인지, 봉사 활동을 얼마나 많이 했는지와 같은 것만으로는 읽어낼 수 없는 것들이 워낙 많다. 정량평가 방식으로는 읽어낼 수 없는 것이 지금 시대에는 무엇보다 중요시되고 있다.

정성평가는 정량평가보다 더 넓은 모호한 것들을 평가의 대상으로 삼는다. 분명히 이 '불확실성'이 학부모와 학생에게는 무엇보다도 큰 불안으로 다가올 것이다. 필자는 지금 입시를 마주하고 있는 학생과 비슷한 시기에 입시를 겪었으며 그 고통을 함께 느껴본 세대라 그 불안을 이해한다. 하지만 이 '불확실성'은 어느 정도 감수할 수밖에 없다. 그리고 이 '불확실성'은 학생을 괴롭히려고 존재하는 것이 아니라 학생의 경험을 보다 더 온전하게 평가하고자, 즉 학생을 위해 존재하는 것임을 이해해주었으면 한다.

다음 파트부터는 본격적으로 이런 '불확실성'을 최대한 해소하고 확신을 가지고 나만의 기록을 쌓아가는 방법을 설명하도록 하겠다.

4

2015 개정 교육과정,
3가지만 기억하자

2015 개정 교육과정의 핵심

2015 개정 교육과정의 핵심은 크게 세 가지라고 볼 수 있다.

1. 문·이과의 구분이 사라지며, 사·과탐 골고루 우수한 성적이 중요해짐.
2. 선택과목이 중요해짐.
3. '나댐'과 그 학생부 기록이 중요해짐.

문·이과의 구분이 사라진다

　가장 큰 변화는 이과도 기초 사회를 잘 알아야 하고 문과도 기초 과학을 잘 알아야 한다는 것이다. 이를 2015 개정 교육과정 총론에서는 "인문학적 상상력과 과학기술적 창조력을 갖춘 인재"라고 부르고, 교육의 목표로 삼고 있다. 이해하기 쉽게 말해서, 1학년 사회 과목과 과학 과목의 시수가 변화한다는 뜻이다. 기존에는 국영수가 8단위였고, 이에 비해 사회나 과학은 6단위, 4단위 등으로 시수가 적었는데, 이제는 국영수와 동등하게 8단위씩 배정되고, 문·이과 모두 '통합사회', '통합과학'을 공부해야 한다. 한국사는 별도로 운영되기 때문에 한국사 6단위를 합치면 사회 과목을 14단위나 이수해야 한다. 결국 이과라고 한국사나 사회과목을 소홀히 하면 내신에서 좋은 성적을 거둘 수 없다.

통합사회 8단위 + 한국사 6단위
= 총 14단위

통합과학 8단위
국영수 8단위

　이는 문·이과의 형식적 구분을 없앤 2015 개정 교육과정 중 가장 중요한 핵심이다. 물론 형식적 구분은 사라졌지만, 후에 수학 과목을 어떻게 선택하느냐에 따라 지원 학과가 달라지기 때문에 어느 정도는 문과와 이과의 구분이 이루어지기는 할 것으로 보인다. 또한 현실적으로 학교에서도 모든 선택 과목을 열어주기는 힘든 만큼, 문과와 이과의 실질적 구

분은 이루어질 가능성이 높다. 이 점을 충분히 인지하고 있도록 하자. 그
럼에도 학문의 경계를 무너트리고 최대한 다양한 분야를 탐구하도록 한
다는 의도는 달라지지 않을 것이다.

선택과목의 중요성이 커진다

문·이과가 사라지기 때문에 문과가 이과과목을 선택, 이과가 문과과
목을 선택할 수 있고, 당연히 선택과목 체제가 개편됐기 때문에 선택과목
을 진로에 맞게 잘 설계하는 것이 중요해졌다. 다음은 교육부에서 제시한
예다.

> 의학 또는 생명과학 계열을 희망하는 학생의 경우에는, 과학 교과군의 모
> 든 'II' 과목을 선택할 필요는 없지만 인간을 대상으로 하는 학문인만큼 생
> 명에 관계되는 현상을 공부할 수 있는 '생명과학II', 의학과 바이오산업 발전
> 등에 따라 대두되는 생명윤리의 중요성과 인간에 대한 철학적 이해를 위한
> '생활과 윤리', '철학' 등의 공부를 통해 윤리학적 소양을 함양할 수도 있다.
> 또한 작가가 되고자 하는 학생의 경우에도 인간에 대한 이해를 바탕으로
> 하는 활동인 만큼 인문학적 소양 함양을 위해 '여행지리', '사회·문화', '세
> 계사' 등의 과목뿐만 아니라, '생명과학', '과학사' 등의 과목을 선택·이수
> 하여 과학기술 발전에 대한 식견을 넓히고, 문화적 소양 함양을 위해 '미
> 술(음악) 감상과 비평' 등의 진로 선택 과목을 이수할 수 있다.

이런 긴 글줄보다는 사실 아래와 같이 간단히 선언해버리는 편이 전달
하는 필자 입장에서도 간단하고 독자 입장에서도 쉬울 것이다.

하지만 이는 결코 좋은 방법이라 할 수 없다. 왜냐하면 애초에 학생부종합전형에는 정답이 없기 때문이다. 학생부종합전형은 '결과'만이 아닌 '어떤 과정을 거쳐 그 결과에 도달했는지' 그 이유를 평가하는 전형이다. 쉽게 말해 '학생이 내린 정답'이 아닌 '학생이 그 답을 내기까지의 노력과 고민 과정'을 평가한다.

만약에 위의 정리처럼 '답'을 내버린다면 이는 옳지도 않고 학생부종합전형의 취지에도 어긋난다. 위의 글줄은 하나의 예시에 불과하다. 여기서 우리가 알아야 할 점은 '무엇을 함께 배워야 유리하다'가 아니라 이렇게 자신의 꿈에 맞춰 이전보다 훨씬 더 다양한 과목을 익혀나갈 수 있게 되었고 이런 고민을 이어가는 것 자체가 매우 중요해졌다는 점이다.

문·이과 구분 없이 이제는 자신에게 필요하다고 생각하는 과목을 직접 설계하고 듣는 것이 중요하고, 이렇게 학생부에 기록된 내용을 대학에 지원할 때 어필할 수 있는 포인트로 사용하는 전략이 중요해졌다.

● 인문계 고교 교과 선택표(2018년도 고1부터 적용)

교과 영역	희망자의 과목 선택 추천	공통과목	선택 과목(기본 단위 수 : 5단위)	
			일반 선택(3~7단위)	진로 선택(2~8단위)
기초	국어	국어	화법과 작문, 독서, 언어와 매체, 문학	실용 국어, 심화 국어, 고전 읽기
	수학	수학	수학Ⅰ, 수학Ⅱ, 미적분, 확률과 통계	실용 수학, 기하, 경제 수학, 수학과제 탐구
	영어	영어	영어 회화, 영어Ⅰ, 영어 독해와 작문, 영어Ⅱ	실용 영어, 영어권 문화, 진로 영어, 영미 문학 읽기
	한국사	한국사		
탐구	사회 (역사/도덕 포함)	통합사회	한국지리, 세계지리, 세계사, 동아시아사, 경제, 정치와 법, 사회·문화, 생활과 윤리, 윤리와 사상	여행지리, 사회문제 탐구, 고전과 윤리
	과학	통합과학 과학탐구실험	물리학Ⅰ, 화학Ⅰ, 생명과학Ⅰ, 지구과학Ⅰ	물리학Ⅱ, 화학Ⅱ, 생명과학Ⅱ, 지구과학Ⅱ, 과학사, 생활과 과학, 융합과학
체육· 예술	체육		체육, 운동과 건강	스포츠 생활, 체육 탐구
	예술		음악, 미술, 연극	음악 연주, 음악 감상과 비평, 미술 창작, 미술 감상과 비평
생활· 교양	기술·가정		기술·가정, 정보	농업 생명 과학, 공학 일반, 창의 경영, 해양 문화와 기술, 가정과학, 지식 재산 일반
	제2외국어		독일어Ⅰ 일본어Ⅰ 프랑스어Ⅰ 러시아어Ⅰ 스페인어Ⅰ 아랍어Ⅰ 중국어Ⅰ 베트남어Ⅰ	독일어Ⅱ 일본어Ⅱ 프랑스어Ⅱ 러시아어Ⅱ 스페인어Ⅱ 아랍어Ⅱ 중국어Ⅱ 베트남어Ⅱ
	한문		한문Ⅰ	한문Ⅱ
	교양		철학, 논리학, 심리학, 교육학, 종교학, 진로와 직업, 보건, 환경, 실용 경제, 논술	

※ 출처 : 2015 개정 교육과정 총론 해설서

'잘 나대기'와 '나댐의 기록'이 중요하다

　이번 교육과정의 핵심은 교과 학습의 양을 줄였다는 데에 있다. 예전에는 100시간을 가르치던 양을 80시간만 가르치면 되도록 줄인 것이다. 하지만 학생이 학교에서 공부하는 날짜는 줄어들지 않았다. 결국 교사가 가르쳐야 하는 양은 줄었지만, 수업 시간은 그대로이니 당연히 시간이 '남는다'. 남는 것은 수업 시간만이 아니다. 학령 인구가 지속적으로 감소해 학생 수가 점점 줄어들고 있다. 그럼에도 교실 수는 줄지 않고 있다. 그 결과 교실당 학생수는 점점 줄어들고 있다. 부모 세대의 한 교실당 학생 수에 비하면 지금 세대의 한 교실당 학생 수는 절반 정도다. 교실당 학생 수는 앞으로도 점점 줄어들 전망이다. 즉, 이제 수업 시간도 남고 교실도 남는다. 이 '남는 것'을 어떻게 무엇으로 채워야 할까? 바로 '학생의 참여'로 채운다. 이전의 학교 수업은 '교사 위주의 수동적 학습'이 주를 이루었다. 우리가 일반적으로 상상하는 교실 풍경은 선생님이 판서하고 그 내용을 받아 적는 수많은 학생들의 모습이다. 하지만 개정 교육과정에 따르면 앞으로 수업은 '학생 위주의 능동적 학습'이 될 예정이다. 학습할 양이 줄어든 만큼 학습한 것을 바탕으로 토론하고, 더 알아본 내용을 스스로 발표하고, 때로는 학생들이 힘을 모아 연구하는 수업이 이제 더욱 많아질 것이다. 실제로 일부 학교는 점점 수업의 모습을 이와 같은 형태로 바꾸는 중이다.

　또한 교실당 학생 수가 줄어듦에 따라 교사 한 명이 담당하는 학생 숫자도 점점 줄어들고 있다. 이제는 아이들이 수업시간에 무엇을 했는지, 어떤 부분에 관심이 있고, 어떤 생각을 하는지 교사가 주의 깊게 관찰할 수 있게 됐다. 또 이 관찰을 바탕으로 아이의 진짜 모습을 학생부에 기록하겠다는 취지가 점점 현실적으로 가능해지고 있다. 따라서 이제는 수업 시간에 단순히 말 잘 듣고 앉아 있는 학생이 아니라, 수업 시간에 선생님에게 질문하고, 선생님을 대신해 아이들에게 자신이 아는 것을 가르쳐주고, 교과서에서 나오지 않는 것까지 조사해 발표하는, '나대는' 학생이 입시에서 더 성공할 것이다.

학생부와 통하는 대입자기소개서

● 대입자기소개서 문항

개정 전	개정 후 (예상안)
1. 고교 재학 기간 중 학업에 기울인 노력과 학습경험을 배우고 느낀점을 중심으로 서술해주세요.(1000자)	재학 기간 중 의미를 두고 한 교내활동이나 학업 경험을 배우고 느낀점을 중심으로 기술해주세요. (1500자)
2. 고교 재학 기간 중 본인이 의미를 두고 노력했던 교내활동을 느낀점을 중심으로 서술해주세요.(1500자)	
3. 학교 생활 중 배려, 나눔, 협력, 갈등관리 등을 실천한 사례를 들고, 그 과정을 통해 배우고 느낀점을 서술해 주세요.(1000자)	학생의 개별 특성이 잘 드러나는 서술이 가능하도록 변화
4. 자율문항(대학별 1000자/1500자)	자율문항(800자)

　　자기소개서를 살펴보면 우선 2000자가 줄어들었기 때문에 대폭 줄어든 것처럼 보이지만, 기존 1000자였던 1번과 3번 문항이 없어졌다고 생각하면 된다. 큰 변화지만 교육 현장에서 학생들을 지도하는 강사로서 생각해볼 때 이 변화는 나름 합리적이다.

● 기존 1번 문항은 자신의 공부 방법을 서술하는 경우가 많았다. 이런 서술 풍조 때문에 문항의 원래 취지와는 다르게 전혀 의미 있게 평가되지 못했다. 학업 경험이란 공부법이나 암기방법이 아니라 자신의 지적 호기심을 보여주고 이를 해결한 과정, 그를 통한 성장을 의미하기 때문이다. 상황이 이렇다보니 학업경험이 상대적으로 다채롭지 못한 중상위권 학생들과 일부 중하위권 학생들은 알면서도 경험이 부족해 주로 1번 문항에 의미 없는 이야기를 쓴다. 사실 중하위권 학생들이 주로 지원하는 대학에서는 의미 있는 평가 도구가 되지 못했다. 따라서 중하위권 학생들이나 탐구 기회가 다채롭지 못한 학생들에게는 부담이 다소 줄어들 것으로 보인다. 하지만 그만큼 얼마나 효율적으로 자신의 지적 역량과 활동 역량을 담는지가 더 중요해졌다.

● 기존 3번 문항 역시 판박이같이 비슷한 경험을 서술해 문제된 부분이다. 인성을 주로 드러내는 문항이었으나 아이들이 할 수 있는 봉사가 한정적이어서 변별력이 없었다. 따라서 이후에는 '1번에서 보여주지 못한 모습을 보여주어라' 하는 식으로 1번에서 지원자가 보여준 역량 외의 다른 다채로운 역량을 평가하도록 문항이 개정될 듯하다.

● 기존 4번 문항은 대학별 문항으로 2022 대입 3번 문항도 기존 문항을 유지할 것으로 보인다. 다만 2번 문항에서 현행 다수의 대학이 묻는 진로 계획, 동기 등의 문항보다 '자유롭게 하고 싶은 말을 써라(현재 카이스트, 포스텍)', '독서를 뽑고 인상 깊은 이유와 느낀 점을 서술해라(현재 서울대)', '지원자를 선발해야 하는 이유를 써라(현재 고려대)', '학교의 인재상 중에서 보여주지

못한 부분을 써라(2015년 중앙대 5번)' 등과 같이 다양한 문항이 개발될 것으로 보인다.

학생부 활동별
가이드

학생(혹은 학부모) 입장에서 어떤 학생부 기록이 좋게 평가되는지를 알아두는 것은 매우 중요하다. 그러므로 실제 학생부의 구성 항목별로 좋게 평가되는 학생부 기록이 무엇인지 알아보도록 하겠다.

● 2021년 고1, 고2, 고3 공통적용 학생부 기재 개선안

항목		현행	개선
인적사항		•학생 정보, 가족상황(부모 성명, 생년월일) 특기사항	•학적사항과 통합 •부모정보(성명, 생년월일)·특기사항(가족변동사항) 삭제
학적사항		•졸업 연월일, 학교명, 검정고시 합격 정보 등	•인적사항과 통합
출결상황		•질병·무단·기타	•질병·미인정 기타
수상경력		•수상명, 등급( ), 수상연월일, 수여기관명, 참가대상(참가인원) 입력	•상급학교 진학 시 제공하는 **수상경력 개수 제한**
자격증 및 인증 취득상황(고)		•대입자료로 제공	•대입자료로 미제공
진로희망 사항		•진로희망, 희망사유 입력	•항목 삭제 (대입미제공) •학생 진로희망: 창체 진로활동특기사항에 기재
창의적 체험 활동 상황	봉사활동	•실적 및 특기사항 **기재**	•봉사활동 특기사항 미기재 (필요시 행동특성 종합 의견란에 특기사항 기재 가능)
	동아리 활동	**자율동아리** 자율동아리명, 활동내용 등 특기사항란에 기재	•가입제한 × 기재가능 동아리 개수 제한(학년당 1개) 객관적으로 확인 가능 사항만 기재
		소논문 동아리, 교과세특란에 기재 (논문명, 참여시간, 참여인원)	•소논문 기재 금지
		청소년단체 교육과정에 편성된 청소년단체	→ 단체명, 활동내용 **모두 기재**
		학교교육계획에 포함된 청소년 단체	→ 단체명만 **기재**
		학교 밖 청소년단체 활동 **모두 기재**(단체명, 활동내용)	→ **미기재**
		학교스포츠 클럽활동 구체적 활동내용 기재 (포지션, 대회출전경력, 역할, 특성 등)	•학교스포츠클럽활동 **기재 간소화** ※ 정규교육과정 내: 개인특성 중심 ※ 정규교육과정 외: 기재간소화
	진로활동	•진로 관련 활동내용 및 상담내용 등 기재	•진로활동 특기사항에 진로희망분야 기재 추가(대입자료로 미제공)
	기재분량	•특기사항 기재분량 : 3000자	•특기사항 기재분량 축소: 1700자
	누가기록	•NBS 활용 전산 기재관리 원칙	•누가기록 기재관리 방법 시도 위임
교과학습 발달상황		**방과후학교** 활동(수강)내용 기재	•방과후학교 활동(수강)내용 미기재
		교과세특 특기할 만한 사항이 있는 과목 및 학생에 한해 기재	
자유학기 활동상황(중등)		•특기사항 입력	
독서활동상황(중고등)		•제목과 저자만 입력	
행동특성 및 종합의견		•기재분량 : 1000자 •누가기록 나이스에서 관리	•기재분량 축소 : 500자 •누가기록 기재관리 방법 시도 위임

자료 : 교육부

1

출결상황
크게 중요하지 않다

기초 자료에는 '인적사항', '학적사항' 다음으로는 '출결상황'이 있다. 본인의(아이의) 학생부가 지금 있다면 함께 펼쳐놓고 보는 편이 좋겠다. 하지만 여기서 수시 원서 접수 직전, 즉 9월의 3학년 학생부 중 해당 영역을 현실적으로 재구조화한 자료를 보여줄 테니 없어도 상관없다.

● **출결상황**

학년	수업일수	결석일수			지각			조퇴			결과			특기사항
		질병	무단	기타	질병	무단	기타	질병	무단	기타	질병	무단	기타	
1	193													개근
2	193	1				2								
3	110													

출결상황은 전혀 핵심 자료가 아니다. 그럼에도 굳이 따로 설명하는 이유는 '결석', '지각', '조퇴', '결과'를 걱정하는 경우가 많아서다. 결론부터 말하자면 남들만큼만 학교를 다녔다면 전혀 문제될 것이 없다. 몇 번의 무단 지각이나 무단 결과가 있다고 해서 우리가 그 학생을 소위 '양아치'로 간주하지 않는 것처럼 학생부종합전형에서도 지각, 조퇴, 결과에 작은 흠결이 있다고 해서 무조건 문제 삼지 않는다.

설령 지나치게 많은 지각, 조퇴, 결과가 있더라도 이를 설명할 만한 충분한 이유가 있다면 큰 문제가 되지 않는다. 학생부종합전형의 평가는 정성평가인 만큼 '사람이 사람의 시선으로 평가하는 전형'임을 잊어서는 안 된다. 정량적, 기계적인 걱정은 부디 하지 말자. 더군다나 코로나19로 인해 온라인 출석일수를 따로 기재하는 등의 변화로 물리적인 출석일수 자체는 더욱더 큰 의미를 갖지 못할 전망이다.

2

수상 경력
수상은 '스토리'가 중요해진다

'수상 경력'은 2022학년도 학생부 기재 방안과 대입 반영이 개선된 점 중 자율동아리 30자 규제와 더불어 가장 급진적인 변화다. 하지만 유일하게 긍정적인 변화라고 말할 수 있다. 수상 경력이 일반적인 고3 현역 학생이라면 5개, 졸업생이라면 6개로 제한될 것이다.

이것은 대회마다 참여해야 한다는 부담을 줄여줌과 동시에 기존에 대회 수상을 독식하던 학생들의 참여율을 떨어뜨려 수상하기 어려웠던 학생들도 수상할 수 있도록 한다는 점에서 학교 기록을 긍정적으로 변화시킬 수 있다고 생각한다. 하지만 입시에서는 전략적으로 중요한 변화가 발생할 것이다. 왜냐하면, 이제 상위권 학생이라면 누구나 '수상'이라는 객관적 성과는 동일하게 평가받게 될 것이기 때문에 그렇다. 즉, 상위권은 누구나 6개의 괜찮은 수상 실적을 공통적으로 갖게 된다. 그렇다면 이제 6개가 '어떤' 수상인지, 그를 위해 어떤 대회에 나갈지가 중요해진다. 중하위권 학생들에게는 이제 5~6개의 수상이 있는지 없는지가 중요해질 것이다. 결론적으로 상위권에겐 수상의 스토리가, 중하위권에겐 5~6장의 상장 확보가 중요해진다.

교내 대회는 앞으로 어떻게 참여해야 하는가?

이 변화는 말 그대로 무분별한 대회 개설, 무분별한 대회 참여에 대한 경고로 해석하는 것이 옳다. 즉 무조건 많은 대회에 참여하는 것은 독이 된다는 소리다. 개정 이전에는 그런 행동을 권장했어야 했다. 왜? 수상 경력은 다다익선이기 때문이다. 하지만 이제 '다다익선'이 통용되지 않는 만큼 굳이 그럴 필요가 없다. 포트폴리오 대회처럼 내키지 않는데도 울며 겨자 먹기로 에너지를 쏟을 수밖에 없던, 그런 대회에 이제 더 이상 에너지를 투자할 필요가 없어졌다는 소리다.

그렇다면 어떤 교내 대회에 참여하는 것이 좋을까? 1순위는 탐구형 대회다. 쉽게 말해 통시적 연구, 실험 등을 진행하여 결론을 도출하고 이를 정리해보거나 발표하는 등의 대회에 도전해보길 바란다. 다양한 경험을 할 수 있는 대회이기 때문에 자기소개서 작성에 도움도 되지만, 또한 소논문 작성이 원칙적으로 금지되었기 때문이기도 하다. 소논문을 통해 주로 확인할 수 있던 탐구 역량은 여전히 의미 있는 가치이다. 그렇기 때문에 소논문이 금지되더라도 '탐구 보고서', '탐구 발표' 등을 결과물로 내세우는 대회가 있다면 참여하여 탐구 역량을 발휘하는 편이 좋다.

2순위는 나의 약점, 내가 보여주지 못한 역량과 관련된 대회이다. 예를 들어 내가 지망하는 계열이 외국어 역량을 필요로 하는데 본인의 영어, 제2외국어 교과 성적이 좋지 않다면 영어 말하기 대회, 영어 어휘력 대회 등에 참여하고 수학 역량을 필요로 하는데 수학 교과 성적이 좋지 않다면 수학 사고력 대회 등에 도전해보길 바란다. 의외라고 생각할 수도 있겠지만, 아주 중요한 부분이다. 학생부 기재가 제한되면서 (분량 감소) 학생의 이야기를 담기가 전반적으로 어려워졌다. 따라서 당연히 학생이 갖고 있는 어떤 개인적 약점을 항변할 수 있는 기회도 줄어든 셈이다. 그렇기 때문에 수상 경력을 통해서 자신의 약점을 상쇄할 수 있을 것이다(특히 이제는 5~6개의 수상 경력을 '선택'해 제출하는 만큼 그런 의지를 더욱 적극적으로 내비칠 수 있을 것이다).

어떤 수상 경력을 선택해서 제출해야 하는가?

어차피 수상 경력 칸에는 어떤 대회에서 어떤 상을 수상했는지, 정도의 정보밖에 기재되지 않는다. 쉽게 말해서 어차피 정량적인 정보밖에 담기지 않는다는 이야기다. 그렇기 때문에 뒤에서도 설명하겠지만, 수상 경력 그 자체의 중요도는 30퍼센트 정도에 불과하다. 그보다는 어떤 동기로 이 대회를 준비했고 그 과정에서 무엇을 배우고 느꼈는지가 70퍼센트 정도로 훨씬 더 중요하다.

따라서, 어떤 상을 선택해서 제출해야 하는지도 명확하다. (위에서 언급한 기준에 따라 교내 대회들에 참여했다는 전제 하에, 즉 탐구형 대회와 약점, 보여주지 못한 역량과 관련된 대회에 주로 참여했다는 전제 하에) 1순위, 가장 배움이 많았던 대회, 본인에게 가장 의미 있는 상을 제출하는 편이 좋다. 2순위, 그중에서도 등급이 높은 상이 좋다. 최우수상이 장려상보다 좋다는 당연한 소리다.

❶ 주로 탐구형 대회, 혹은 약점이나 본인이 보여주지 못한 역량과 관련된 대회에 참여해서 최대한 성과를 내라.
❷ 그중에서도 배우고 느낀 점이 가장 풍부했던 상을 제출해라.
❸ 그리고 다시 그중에서도 수상 등급이 높은 상을 제출해라.

사실 3이 당연한 이야기임에도 하는 건, 2가 3보다 중요하다는 이야기를 꼭 하고 싶었기 때문이다. 정말 의미 있는 상이었음에도 장려상이라는 이유로 제출을 고사하지 않았으면 한다. 의미 있었다면, 자신있게 제출하고 왜 의미 있는지를 자기소개서를 통해 잘 풀어내면 된다. 가끔 강연을 하거나 학부모 상담을 하면 이런 질문들을 하시는 경우가 있다. "제가 듣기로는 동상 밑으로는 평가하지 않고 취급하지 않는다던데, 사실인가요?"

그에 대한 답변과 함께 마무리하겠다.

"그런 유치한 방법으로 평가하는 전형이었으면 이런 책을 쓰지도 않았을 겁니다."

동기와 과정에 집중해라

앞에서 언급한 대로 수상 경력을 오직 수상 경력 칸에, 그것도 그 결과만 기록하게 한 것은 현실을 고려한 조치다. 그러나 학생부종합전형의 평가 취지와 목표를 고려하면 해당 대회에 도전하게 된 동기와 그 과정도 함께 기록될 필요가 있다. 어떤 상을 수상했다는 '결과'보다 그 '동기'와 '과정'이 훨씬 더 중요하기 때문이다. 따라서 어떤 대회를 준비할 때는 그 '동기'와 '과정'을 제대로 챙길 필요가 있다. 다음 양식을 참고하자.

● **수상 경력 기록 양식**

수상명		대회 날짜	
1) 대회 참가 동기			

2) 대회 준비 과정
①
②
③
④

3) 결과

꼭 이 양식대로 기록해야 하는 것은 아니지만 어떤 방식으로라도 그 동기와 과정을 제대로 기록해두는 편이 좋다. 동기와 과정이 아무리 중요하다고 해도 이걸 학생부에 담아낼 수 없는데 무슨 소용이냐고? 오히려 그렇기 때문에 기록해둘 필요가 있다. 이 기록을 나중에 자기소개서를 작성할 때 유용하게 사용할 수 있기 때문이다. 많은 학생들이 자기소개서를 작성하는 시점, 즉 8월 정도가 되면 대회의 동기와 과정을 까먹는다. 미리 기록해두면 이때 유용하다. 아예 모든 활동을 기록해두는 것이 좋다(실제로 합격자 중에는 수첩에 자신의 3년 동안의 활동을 기록해두는 경우가 꽤 많았다).

동기와 과정이 중요하다는 이야기는 바꿔 말하면 동기와 과정이 충분히 의미 있었다면 결과 자체는 크게 중요하지 않다는 의미다. 정량평가에 익숙한 우리들은 '최우수상'이 무조건 '동상'보다 좋다고 생각하는 경향이 있는데 꼭 그렇지 않다. 동기와 과정 자체가 충분히 '우수'하다면, 그리고 최선을 다 했다면 결과가 꼭 우수하지 않아도 충분하다. 비록 우리는 학생부 기록을 이야기하고 있지만 수상 경력이 자기소개서에서 유용하게 사용된다고 언급했으니 그런 사례를 하나만 더 살펴보도록 하자. 아래는 이화여자대학교에 최종 합격한 학생의 자기소개서 일부다.

자기소개서 中
저의 고등학교 생활 중 가장 의미 있었던 첫 번째 활동은 교내 외국어 말하기 대회였습니다. 1학년 때는 중국어를 배운 지 약 7개월밖에 되지 않았지만 대회에 참가했습니다. 단순히 중국어를 좋아하는 마음으로 열심히 준비했고 같은 팀 친구의 도움까지 받아서 동상을 받았습니다. 그 당시 저에게는 동상도 매우 과분한 상이었기 때문에 단순히 기뻐하며 지나갔지만

막상 2학년이 되니 다시 대회에 나가고 싶어졌습니다. 작년보다 조금 더 나은 실력이 되었다고 생각했고, 정말 열심히 하겠다고 수없이 다짐했습니다. 하지만 작년과는 다른 친구와 팀을 하게 됐고, 막상 제가 조장이 돼 팀원을 이끌어 보니 제 의지만 너무 앞섰다는 것을 깨닫고 많이 힘들었습니다. 저도 팀원도 처음 생각만큼 잘되지 않아서 침울한 분위기로 대회를 준비했습니다. 하지만 계속하면 할수록 팀워크가 좋아지는 것을 느꼈고 '우리도 할 수 있다'는 기대를 가지게 되었습니다. 그때부터 저희는 시간을 쪼개 연습했고 심지어 다함께 밤을 새기도 했습니다. 다들 부족한 실력이었기에 사전을 수없이 뒤져야 했고 어색한 표현을 피하려고 직접 영어와 중국어를 함께 사용해 중국인에게 질문하기도 했습니다. 저희 팀은 최선을 다했지만 결국 동상을 받았습니다. 처음에는 정말 열심히 했음에도 기본 실력 차이를 극복하지 못했다는 생각이 들었습니다. 하지만 준비 기간 때 느낀 협동심과 무대에서 열심히 준비한 것을 선보였을 당시의 떨림과 뿌듯함은 그 무엇과도 바꿀 수 없는 값진 경험이었습니다. 그리고 자기 주도적으로 중국어를 공부한 첫 경험이었기 때문에 저의 꿈에 한 발자국 다가서는 디딤돌이 되었습니다.

학생부에는 두 번의 동상만 기록됐을 뿐이지만 자기소개서에는 왜 두 번이나 같은 대회에 연달아 도전했는지, 동상 수상에 그쳤지만 그 과정 속에서 어떤 노력을 해왔고 수상 결과와 무관하게 본인에게 어떤 의미로 다가왔는지를 강조하면서 좋은 평가를 받을 수 있었다.

3

창의적 체험활동상황(0)

비교과 활동이란?

비교과 활동은 국/수/영/사/과/기타 과목 같은 교과(학업) 활동과 대비되는 개념으로서 교과에서 드러나지 않는 능력을 측정하고 평가하는 항목이다. 그런데 최근에는 교과 능력과 비교과 능력을 크게 구분하지 않는 평가 관점이 늘고 있다.

예를 들어서 이전에는 이과생이라면 과학을 잘하는 것이 교과 능력이고, 협동심이 강하다는 것은 비교과 능력이라고 구분했다. 그런데 과학 교과서는 혼자 보겠지만, 실험에서는 혼자가 아니라 여러 사람과 함께 협력해야 좋은 결과가 나올 것이다. 즉, 교과 능력과 비교과 능력이 서로 다른 것이 아니라 영향을 끼치는 요소임을 알 수 있다.

이런 추세와 함께 비교과 영역이 사교육을 늘린다는 지적을 지속적으로 받으면서 정책 차원에서 비교과 영역의 비중을 줄이려는 노력이 계속되고 있다.

비교과 활동은 학생부에서 주로 7번 항목인 '창의적 체험활동상황'에 기록된다. 창의적 체험활동은 크게 네 가지로 구성된다. 자율 활동과 봉사 활동, 동아리 활동 그리고 진로 활동이다. 이 중에서 진로 활동과 자율 활동은 학생이 주도적으로 활동하고 기록하기 매우 어려워서 거의 전 교생이 비슷한 내용으로 채운다. 여기서는 다양한 사례를 직접 살펴보도록 하자.

4

창의적 체험활동상황(1) 동아리 활동
정규 동아리에서의
'개별화'가 핵심이다

고등학교 동아리에서는 무엇을 하고 있을까?

동아리 활동은 학생부종합전형에서 비교과 역량(리더십, 창의성, 소통능력 등 공부를 잘하는 것 외의 역량)으로 분류되는 능력을 보여주고 싶은 학생들이 가장 많이 선택한다. 학생부종합전형으로 입시 체제가 바뀌면서 고등학생의 활동 영역이 학교 안에서의 활동으로 줄어드는 바람에 2015년부터 학생들이 자신의 끼를 보여줄 수 있는 영역이 동아리밖에 안 남았기 때문이다. 특히 2022학년도 학생부 기재 방안 및 대입 반영 개선안을 토대로 보면 필자가 이전부터 강조해온 '활동 서술의 개별화'가 훨씬 더 중요해질 것이다. 이제 동아리 글자수도 줄어들었고, 자율동아리도 이름만 기재될 것이므로 정규 동아리 내에서 팀을 꾸리든 혼자서든 '개별적으로', '주도적으로' 성취하고 경험한 활동이 있어야 동아리에서 우수한 평가를 받을 수 있다. 기존에는 정규 동아리에서 공통 활동만 하고 다른 관심을 자율동아리나 다른 창의적 체험활동에서 풀었다면 이제는 무조건 정규 동아리에서 개별적으로 서술될 수 있는 활동을 해야 한다. 그럼 동아리에서 할 수 있는 활동이 무엇인지 알아보자.

1) 주제 발표

동아리에서 가장 흔하게 진행하는 활동이다. 경제 동아리, 공대 동아리 등 다양한 동아리에서 자신이 관심 있는 주제를 가지고 조사해서 발표한다. 특별한 시설이나 지식, 지도교사가 없어도 할 수 있는 활동이다. 전공적합성이나 탐구 능력, 표현 능력 등 다양한 자질을 보여줄 수 있다.

2) 동아리지 발간

부원끼리 동아리의 공통 관심사나 각자 관심이 있는 분야를 정하고 글을 쓰고 이를 모아서 책자의 형태로 발간하는 것이다. 일정 재원이 필요할 수는 있으나, 요즘 동아리 예산을 학교나 지자체 단위로 지원해주는 경우도 많다. 사실 비용이 부담되지 않는 선에서 단순한 형태로 발간하겠다는 계획을 세우면 동아리원끼리 자비로 인쇄하는 것도 어렵지 않다. 동아리마다 차이는 있지만 동아리지 발간으로 협력과 사고의 다양성, 탐구 능력 등 비교과 역량을 보여줄 수 있다. 2022 학생부 개편에서 소논문 기재는 금지되었으나, 동아리지 발간이나 보고서 작성은 가능한 여지가 남아 있으므로, 적극적으로 기록물(소논문이나 R&E 보고서임을 드러내지 않는 기록물)을 만들어 올리는 것은 알찬 자기소개서를 작성하는 재료로서 여전히 중요하다.

3) 토론 활동

토론 활동만을 하려고 토론 동아리가 운영될 정도로, 토론은 동아리 활동에서 중요하게 취급받고 있다. 토론을 하면 생각을 논리적으로 표현할 수 있고 자신의 생각에서 벗어나 다양한 학생의 생각을 들어볼 수 있다. 지금도 문과와 이과의 구분이 형식적으로 사라지고 있기 때문에 2015 개정 교육과정에 적용을 받는 고등학생이 아니더라도 사고의 다양성과 융합적 사고력을 높인다는 측면에서, 문과와 이과 학생이 협력해 토론 동아리를 개설하거나, 하나의 주제를 가지고 문과와 이과 동아리가 힘을 합쳐 공동 토론회를 여는 등 다양한 자리를 만들면 보다 더 좋은 평가를 받을 수 있다.

4) 축제 부스 운영

고등학교 축제에서 많은 동아리들이 각자 부스를 만들어 운영한다. 동아리에서 활동한 내용이나 탐구한 내용을 바탕으로 패널을 제작해 전시하는 방식부터 경제동아리라면 미니 게임 대회를 열어서 경제개념을 익힐 수 있게 한다든지, 과학 동아리라면 이색 실험을 설계해서 학생들이 과학에 흥미를 가질 수 있도록 하는 등 여러 가지 형태로 운영한다. 주로 축제 준비 과정에서 콘텐츠를 기획하는 능력, 서로 소통하는 능력, 자신이 배운 것을 남들에게 표현하는 능력 등을 보여줄 수 있다.

동아리, 뭘 하는가보다 어떻게 서술되는가가 더 중요하다?

다음은 서울대에서 동아리 활동을 제대로 서술을 하지 못한 사례로 선정한 것이다. 동아리 활동에서 가장 큰 문제는 다음과 같이 표면적으로 드러나는 활동만을 중시하는 것이다. 학생부종합전형에서 가장 중요한 것은 '종합'적 평가, 다시 말해 '정성'적 평가이다. 정성적 평가란 무엇을 했느냐, 어떤 성과를 냈느냐 하는 결과 중심의 평가가 아니라, '과정'과 그 과정에서 무엇을 '느꼈는지'를 평가한다는 뜻이다.

┃ 사례 2-1 ┃

동아리 활동	[영어회화반] • 영어표현에 자신감을 보이며, 말하기 부분에 탁월한 능력을 보임. ○○교육청의 국제 수업 교류 프로그램에 참여해 우수한 활동을 함. [로봇반 : 자율동아리] • 로봇공학 관련 기본 개념 및 활용 분야에 전문적인 지식이 많고 활동에 적극 참여함.

위의 사례를 보면 학생이 무엇을 했는지는 알 수 있을지 몰라도, 구체적으로 어떤 역할행동을 했고, 그를 통해 어떤 것을 얻었는지, 어떤 능력이 있는지 전혀 평가할 수 없다.

동아리 활동	[도서반](36시간) 정독도서관 견학(20○○.05.08.), 국회도서관 견학 (20○○.05.22.), 책을 원작으로 한 영화 '스코치 트라이얼' 감상 후 활동지 작성 및 토론(20○○.09.18.), 서울시청도서관 견학 및 북 페스티발 참가(20○○.10.23.), 학교 축제 도서반 독서캠프(20○○. 12.23.)를 열심히 준비함. 도서실 봉사 활동(20○○.03.16.~20○○. 01.29.) (20시간)에 매우 성실히 임하였고 맡은 일에 책임감을 가지고 열심히 활동하였음. 평소 책에 관심이 많고 다양한 분야의 책을 읽으려 노력하는 학생으로 도서관을 이용하는 학생을 위해 추천도서 패널 꾸미기를 담당하였음.

위의 [사례 2-2]는 [사례 2-1]에 비해 학생이 맡은 역할이 비교적 자세하고 구체적으로 드러나기는 한다. 하지만 학생이 '적극적'으로 참여했다는 사실 외에는 활동하며 어떤 능력을 사용했고, 기를 수 있었는지는 전혀 알 수 없다. 보다 더 자세히 학생이 어떤 역할행동을 했는지, 해당 역할을 수행하다가 학생이 어떤 좌절을 겪었는지, 구체적으로 어떤 성취를 이루었는지를 개인 단위에서 써줘야 평가자가 학생의 역량을 제대로 평가할 수 있다.

| 사례 2-3 | 개정 전 교육과정 적용 서술(2015 개정 교육과정 적용 서술은 동아리 서술 마지막 부분 참고)

동아리 활동	(subprime:자율 동아리) 대량의 자료를 수집하고 이를 통계학적 기법들을 이용해 분석한 후에 '파이썬 웹 크롤링을 이용한 구조적 데이터에 대한 통계학적 접근과 실제 활용'이라는 주제의 보고서를 작성함. 동아리 부장으로서 보고서의 주제를 선정하고 내용을 설계하였으며 동아리의 전반적인 활동의 중추 역할을 함. 활동하면

	서 적극적이지 못한 부원과 배경지식이 부족한 부원들도 함께 활동할 수 있도록 지식을 나누고, 갈등을 조율하며 열성적으로 설명함.

[사례 2-3]에서는 학생이 동아리 활동에서 어떤 역할행동을 했는지 명확히 알 수 있고, 각 활동 중 구체적으로 어떤 부분에 참여했는지를 알 수 있다. 또한 '동아리를 조직했다', '조원들과 토론하며 공부했다' 등의 평가에서 학생이 다른 친구들과 어울려 협력했으며, 리더십을 갖추었고, 문제를 해결하는 탐구적 역량도 갖춘 학생임을 신뢰성 있게 알 수 있다. 하지만, 이 조건만 갖춘다고 무조건 훌륭한 동아리 서술이 될까? 다음 사례를 살펴보자.

▎사례 2-4 ▎

동아리 활동	• 교내 댄스 동아리 ○○○○의 부장으로서 지역 축제 ○○○○축제에서 공연을 성공적으로 이끎. • 춤을 익히고 조원들에게 춤 동작을 가르치는 능력이 탁월해 조원들 사이에서 칭찬이 자자함. • 학교 축제인 ○○제에서는 공연을 준비하며 안무, 의상, 음악 등을 부원들과 협력해 선정함으로써 성공적이고 멋있는 무대를 선보임. 이 일로 다른 선생님들의 칭찬을 받음. • 동아리 기획안을 제출해 ○○구청에서 지역 학교 동아리 예산을 받아 동아리 운영에 보탬이 됨.

[사례 2-4]에 학생의 활동이 자세히 나타나 있다. 선생님이 리더십이 있고 공연을 기획하는 능력이 뛰어나다고 학생을 평가하는 부분이 구체적으

로 보인다. 훌륭한 동아리 활동 서술이지만, 만약 이 학생이 경영학과에 진학하고 싶은 친구라면 이 서술은 전혀 도움이 되지 못할 것이다. 경영학과에 진학하고 싶은 사람에게 필요한 능력이나 자질을 길렀다는 증거가 동아리 서술에 전혀 남아 있지 않기 때문이다. 같은 동아리 활동이라고 해도, 다음과 같이 서술한다면 경영학과와의 전공적합성을 보여줄 수 있다.

| 사례 2-5 |

동아리 활동	교내 댄스 동아리 ○○○○의 부장으로서 지역 축제인 ○○○○축제에서 공연을 성공적으로 이끔. 공연을 준비하는 과정에서 분업의 원리를 깨달아 음악과 안무를 짜는 팀을 나누어서 효율적으로 공연을 준비하고 이끄는 모습이 인상적임. 동아리의 재정 상태가 좋지 못한 것을 파악해, 스스로 ○○구청에서 진행하는 동아리 지원사업에 기획안을 제출함으로써 지역 학교 동아리 예산을 받아 동아리 운영에 보탬이 됨. 독자를 고려해 효과적인 동아리 활동 기획서를 작성한 것이 인상 깊음.

[사례 2-5]는 [사례 2-4]와 같은 활동이라도 학생의 모습을 서술하는 방법이 다르다. [사례 2-4]는 학생의 예술성, 리더십, 춤추는 능력을 강조한다면, [사례 2-5]는 학생의 예술성보다는 기획안을 심사자의 눈에 맞춰 작성하는 능력, 동아리 재정에 도움을 주고자 주도적으로 해결방안을 도출한 문제 해결 능력, 분업을 통해 효율적으로 조직을 운영하는 능력 등을 부각해 경영학도로서 학생이 지녀야 할 능력을 신뢰감 있게 제시하고 있다.

같은 댄스 동아리 활동을 했더라도, '춤을 추었다는 사실' 자체가 중요한 학생이 있고, 그보다 '댄스 동아리의 운영', '댄스 동아리 재정 문제 해결' 등의 이야기가 더 중요한 학생이 있다. 따라서 학생의 역할행동과 그를 통해 성장한 내용을 자세히 서술해주는 것이 일차적으로 중요하지만, 역할행동과 느낀 점 중에서 어떤 부분을 부각해 서술하는가도 중요하다. 같은 동아리이고 같은 활동을 서술하더라도 학생의 관심사와 지원 학과에 따라 서술의 내용과 방향 자체가 아예 달라져야 한다.

학생의 모습을 구체적으로 내보이는 서술이 어렵다면, 어떤 활동을 하면서 문제가 발생하거나, 과제가 주어졌을 때 학생이 그것을 어떻게 해결했는지를 서술하고 그에 대한 평가를 포함하면 된다. '동아리 재정이 부족한 문제를 느끼고(문제 파악), 구청의 지원 사업에 참여해 지원금을 타내는 데 일조함(문제 해결을 위한 역할행동)', '동아리의 활동을 기획하고 그 기획을 설명하여 남을 설득하는 데에 뛰어남(역할행동에 대한 평가)'과 같이 서술하면 학생의 모습이 비교적 잘 드러난다.

2022 대입 개편에 따른 학생부 동아리 활동 내용, 무엇이 달라질까?

┃ 사례 2-3 ┃ 개정 전 교육과정 적용 서술

| 동아리 활동 | (subprime:자율 동아리) 대량의 자료를 수집하고 이를 통계학적 기법들을 이용해 분석한 후에 '파이썬 웹 크롤링을 이용한 구조적 데이터에 대한 통계학적 접근과 실제 활용'이라는 주제의 보고서를 |

	작성함. 동아리 부장으로서 보고서의 주제를 선정하고 내용을 설계하였으며 동아리의 전반적인 활동의 중추 역할을 함. 활동하면서 적극적이지 못한 부원과 배경지식이 부족한 부원들도 함께 활동할 수 있도록 지식을 나누고, 갈등을 조율하며 열성적으로 설명함.

실제로 2019년 고등학교 1학년부터는 위와 같은 서술이 힘들다. 하지만, 서술에 도움이 될 것으로 보이기 때문에 기존 자율동아리와 관련한 사례를 제공한 것이고, 이를 2019년 고등학교 1학년 버전으로 윤색하여 쓴다면 다음과 같을 것이다.

┃ 사례 2-3 ┃ 2022 개편 적용 서술

동아리 활동	(subprime: ❶ 정규 동아리) → 정규 동아리만 활동 서술이 가능하다. 대량의 자료를 수집하고 이를 통계학적 기법들을 이용해 분석한 후에 '파이썬 웹 크롤링을 이용한 구조적 데이터에 대한 통계학적 접근과 실제 활용'이라는 부분의 ❷ 조사를 통해 발표를 진행함(또는 동아리지 서술을 담당함). 동아리 부장으로서 보고서의 주제를 선정하고 내용을 설계하였으며 동아리의 전반적인 활동의 중추 역할을 함. ❸ 활동하면서 적극적이지 못한 부원과 배경지식이 부족한 부원들도 함께 활동할 수 있도록 지식을 나누고, 갈등을 조율하며 열성적으로 설명함.

❶ 자율동아리는 공백 포함 30자 이내로만 서술할 수 있으므로, 본인에게 의미 있을 만큼 시간을 투자하는 동아리 활동이라면 웬만하면 정규 동아리에서 이뤄지는 것이 좋다. 다만, 정규 동아리의 활동 질이 떨어지는 경우에 자율동아리를 결성하여 활동할 수 있는데, 이때 의미

있는 활동을 했다면 반드시 자기소개서 1번 문항에 활동을 드러내주어야 한다.

❷ R&E 보고서 등은 서술이 원칙적으로 불가하므로 이런 탐구활동을 했다면, 발표를 하거나, 토론을 하거나, 동아리지를 만들어 그 안에 기사 형태로 작성하는 등의 활동을 통해 우회적으로 서술할 수 있는 창구를 열어 두는 것이 좋다. 혹은 교과와 관련된 활동이었다면 세부능력 및 특기사항에 이를 독서, 조사, 발표 등의 활동으로 우회하여 작성하는 것이 좋다.

❸ 하지만 여전히 활동보다도 본인의 역할과 성장, 혹은 본인의 역할로 주변이 변화한 이야기 등을 서술하는 것은 매우 중요하다. 오히려 개정 전 교육과정에 비해 글자수가 줄어들었기 때문에 필요없는 활동 소개를 줄이는 것이 동아리 서술에서 가장 중요한 과제가 될 것이다.

동아리 활동 서술의 핵심

1. 동아리 활동을 쓰되, 개별학생이 어떤 역할행동을 했는지 구체적으로 기록하자.
2. 개별학생의 역할행동뿐 아니라 해당 역할행동을 통해 알 수 있는 학생의 모습, 능력 등이 드러나도록 하자.
3. 같은 동아리, 같은 활동이어도 학생의 관심사와 지원 학과에 따라 서술과 느낀 점은 완전히 달라져야 한다.

5

창의적 체험활동상황(2) 자율 활동

복사 붙여넣기에서
벗어나는 방법

자율 활동 칸에는 크게 학생회 활동을 비롯한 자치 활동과 학교에서 공통으로 시행하는 수련 활동, 교과 외 교육 활동(성 교육, 소방 교육, 체험학습 등) 등이 기록되는 것이 일반적이다. 학급 회장을 맡았거나 학생회 활동을 했다면 그 내용이 자율 활동에 실린다.

학생에 대한 정보가 없으면 무용지물

│ 사례 2-6 │

	• 학급자치회 조직 및 회의, 회장단 선거에 학급 선도부원으로서 적극 참여해 학교 활동과 생활에 대한 자기 의사와 의견을 민

자율 활동	주적인 방식으로 표현하였음. • 흡연, 음주, 약물오남용 예방교육에서 우리 삶에 미치는 심각성과 영향을 깨닫고 경각심을 가지는 계기로 삼음. • 성폭력 예방교육을 통해 성을 올바르게 인식하게 되었으며, 안전교육을 통해 안전의식을 고취시키고 위험에 대처하는 올바른 생활태도를 함양함. • 또한 학교폭력 예방교육에 참여해 예방 차원의 교육 활동이 학교폭력을 사전에 예방하는 데 큰 영향을 미친다는 것을 인식함. • 결핵예방교육에서 건강관리의 중요성을 인식함. • 청소년 성 관련 피해 예방 교육, 성 고정관념과 양성평등 교육, 성적 자기 결정과 선택 및 성충동에 대한 대처와 해소 방안 교육.

▍사례 2-7 ▍

자율 활동	• 학기 간부수련회에 참여해 회의진행법 강의를 들음으로써 민주적인 의사결정 방법을 습득하고, 리더십 교육을 받으며 진정한 리더의 자격과 의미를 이해하는 기회를 가짐. 아울러 조별 분임토의 시간을 바탕으로 협동정신에 기반을 둔 토의능력을 향상시키는 가운데, 발표에도 참여해 효과적으로 내용을 정리하고 이해하는 모습을 보임. • 1학기 학급회장으로서 급우들을 잘 이끌고 학습 분위기와 급우 간의 화합을 도모하는 큰 역할을 했으며, 매사에 성실하게 활동함.

서울대에서는 [사례 2-6], [사례 2-7]과 같은 학생부 서술을 '학생에 대한 정보가 전무'하다고 평가한다. 학생의 모습이 없는 것은 아니나, 사실 현장답사나 리더십 훈련은 해당 학교의 거의 모든 학생이 참여했을 것이고, 모든 학생에게 같은 내용을 써주었을 가능성이 높다. 그 안에서 학생

이 어떤 역할행동을 했는지 알 수 없기 때문에 학생을 평가할 수 없다고 여기는 것이다.

그렇다면 자율 활동 칸을 저렇게 복사—붙여넣기만 하는 쓸데없는 칸으로 남겨두어야 할까? 몇 가지 사례를 보면서 자율 활동 칸도 글자 수가 아깝지 않게 활용하는 방법을 찾아보자.

학생 역할이 두드러지는 활동들을 최대한 기록에 넣자

| 사례 2-8 |

자율 활동	수학 문화사절단 대중화 강연에서 다양하고 흥미로운 역사 속의 수학과 첨단 수학을 배움. 특히 '패턴인식'에 대한 설명을 듣고 이에 대해 질문함. 패턴인식의 학문적 정의와 알고리즘을 알게 되었으며, 패턴인식 분야를 수학적으로 어떻게 접근할 수 있는지를 공부하면서 수학으로 세상의 많은 현상과 기술을 설명하고 이해할 수 있음을 깨닫고 다시금 수학 공부에 매진하는 기회로 삼음.

학교 교육과정 내의 공통 활동이라고 하더라도 각 학생의 개별적인 활동 내용을 서술해주는 방법을 추천한다. 강연을 들었다는 정도는 학교의 학생들 거의 대부분이 공통으로 참여한 활동이라고 볼 수 있다. 이때, '강연에 참여함'과 같이 일반적으로 서술하기보다 개별적으로 어떤 주제를 가지고 강연했는지 그리고 무엇보다 강연을 들으며 학생 본인이 어떻게 성장하고 변화했는지를 [사례 2-8]처럼 구체적으로 서술해주는 것이다.

물론 2022 대입 개편 이후 특히 자율 활동에 학생 중심의 서술이 현실적으로 어려워질 가능성이 높다. 다만 최대한 학생 본인의 역할이 두드러지도록 서술하는 것이 평가에 유리하다는 사실만 확실히 상기해두자.

자율 활동 서술의 핵심

1. 공통 활동을 서술하되, 그중 본인 역할이 두드러지는 활동과 역할행동을 상세하게 한 줄씩이라도 추가하자.
2. 스스로 주도성이 드러나는 활동을 희망한다면, 학급 친구끼리 간단한 공부 소모임(스터디)을 기획하거나 어떤 행사(발표회, 토론회) 등을 주최해보고 이를 기록으로 남겨보는 것도 좋다.

6

창의적 체험활동상황(3) 봉사 활동

"어디서, 몇 시간" 말고,
"뭘 어떻게 했는지" 봉사의
관점을 바꿔라

봉사활동 칸에 이전에는 특기사항을 기재할 수 있었지만 이제는 특기사항을 기재할 수 없게 되었다. 즉 봉사활동 실적만 기록되는 방향으로 바뀌었다. 이전 장에서 2학년이 취하면 좋을 전략 중 내적 구체화를 유심히 읽은 학생들은 기억하겠지만, 활동내용을 통해서도 충분히 많은 이야기를 할 수는 있다.

애초에 학생들의 봉사활동 특기사항이 대부분 관습적으로(?) 공란으로 남는 경우가 많았다는 점을 고려했을 때 이 부분은 크게 걱정할 필요는 없을 것으로 보인다. 하지만 여기서 그치지 않고, 그럼에도 불구하고 학생의 특출난 모습이나 역량을 남기고 싶다면 '행동특성 및 종합의견'이나 관련 교과의 '세부능력 및 특기사항'을 이용하는 것도 좋은 전략이다. 아래 예시를 참조하면 좋겠다.

| 사례 2-9 |

세부능력 및 특기사항	생명과학 I : (…) 학기 중에 야생화 정비 봉사를 수행하면서 보다 나은 생태계를 조성하고자 하는 마음에, 교사에게 조언을 부탁하 여 함께 관련 도서를 읽고 공존할 수 있는 곤충 및 식물에 대한 정보를 정리해 개인 보고서로 작성함.

항상 말하지만, 본인이 어떤 활동을 통해서라도 정말 노력하고 좋은 모습을 보여준다면 기록할 방법은 항상 있는 법이다. 기록해주지 않을 것을 두려워하기보다 먼저 적극적으로 도전해보길 바란다.

봉사 활동 서술의 핵심

1. 활동 자체에 대한 특이성은 봉사활동실적의 '활동내용'을 통해서도 보여줄 수 있다.
2. 그 외 학생의 특출한 개인적 모습을 기록하고 싶다면 '세부능력 및 특기사항'이나 '행동특성 및 종합의견'을 활용하자.

7

창의적 체험활동상황(4) 진로 활동

"누가 써주고", "무엇을 쓸 수 있는지" 명확히 알자

　　진로 활동은 학생이 진로를 탐색하고자 학교에서 수행한 활동을 진로와 직업 담당 선생님이, 혹은 (진로와 직업 교과가 없다면) 담임 선생님이 써주는 칸이다. 이제 유일하게 내 진로와 관련한 독서, 구체화의 배경 등을 서술할 수 있는 부분이다. 창의적 체험활동이 축소된 가운데 이제 많은 정보를 넣어야 하므로 중요도가 매우 높아졌다.

| 사례 2-10 |

진로 활동	탐구활동대회에서 '스스로 의롭게 혹은 나에게 이롭게'라는 주제에 관심이 생겨 이를 생각해보는 시간을 가졌으며 이로움과 의로움에 자신의 생활을 맞추려고 노력함.

	KMDAT 적성검사에서 과학교사, 물리학자, 생물학자, 화학자, 반도체 연구원, 지질학자, 유전공학자, 천문기상학자, 핵물리학자, 수의사, 생명공학연구원, 미생물학자, 연구원 등의 직업이 측정됨. 일대일 진학상담을 진행하며 자신의 진로방향을 생각해 보게 되었고 이를 이루려면 계획성 있는 준비와 충실한 학업이 필요함을 깨달음. 자기소개서 쓰기 대회에 참가했으며 교과 활동과 비교과 활동 등 다양한 교내 활동을 통해 진로방향을 정했고 심화 활동 교육을 받으며 직업관을 정립하려는 의지를 보임.

진로 활동 칸은 대부분 적성검사나 자기소개서 쓰기 대회, 진로의 날 행사 같은 학교의 공통 행사로 채우기 때문에 [사례 2-10]처럼 학생의 역할행동이 거의 담기지 않는 것이 일반적이다. 또한 진로 활동을 학생이 따로 기획해서 실행까지 하기란 큰 부담이기 때문에 학생 스스로 학생부에 적을 만한 내용을 만들기는 어렵다. 따라서 진로 활동은 기존 내용을 효율적으로 서술해 평가할 만한 내용을 남기는 방향으로 찾아봐야 한다.

│ 사례 2-11 │

	건축 분야를 오랫동안 꿈꿔왔고, 건축과 관련된 자료를 읽고 생각할 때 자신이 가장 행복하다는 판단을 하고 나서, 스스로 건축 동아리를 만들 정도로 건축에 대한 열정이 뛰어난 학생임.
진로 활동	해비타트 봉사 활동을 스스로 진행하고 동아리 활동으로 기획했는데, 이 과정에서 봉사를 나간 집의 균열을 발견하고, 콘크리트에 균열이 발생하는 이유를 직접 탐구해볼 만큼 건축에 대한 호기심과 탐구력이 돋보이는 학생임. 해비타트 활동을 하면서 건축 봉사환경의 열악함을 깨닫고 해비타트 단장님과 대화한 후 동아리에서 모금 활동을 진행해 기부하는 등 자신의 진로와 관련해

	꾸준히 호기심을 드러내고, 나눔을 실천하고자 하는 모습이 돋보임. 막연히 진로를 꿈꾸는 것이 아니라, 몸소 실천하는 실천력이 뛰어난 학생으로서 앞으로의 성장이 교사로서 매우 기대됨.

[사례 2-11]에서는 학교 공통 프로그램을 서술하기보다 학생의 동아리 활동을 진로 활동으로 보고 연장선상에서 이를 서술해주고자 노력했다.

┃ 사례 2-12 ┃

진로 활동	자신의 공학적 지식을 이용해 어려운 나라에 도움을 줄 수 있는 공학자가 되겠다는 꿈을 가진 학생임. 진로와 관련한 책을 읽는 모습도 돋보임. 특히 『국경 없는 과학기술자들 : 적정기술과 지속 가능한 세상』(이경선)을 읽고 적정기술에 큰 관심을 보였고 그 안에서 매력을 발견해 자신의 꿈을 다시 확인했으며, 개발도상국의 위생문제를 해결할 수 있는 간이 화장실을 스스로 설계해서 보고서를 쓰는 등 단순한 지식 습득뿐 아니라 이를 활용하고자 하는 모습에서 미래의 공학자가 엿보이는 기대되는 학생임.

[사례 2-12]에서는 독서 경험을 바탕으로 학생의 진로에 대한 생각이 어떻게 성숙해가는지를 보여줬다. 역시 공통요소만 나열하는 무미건조한 서술에 비해 학생의 독서 능력, 호기심을 해결하는 바람직한 자세 등을 드러내 더 다양한 요소들이 평가될 수 있도록 했다.

진로 활동 서술의 핵심

1. 공통 요소에 대한 서술을 줄이자.
2. 독서, 탐구활동 등 활동을 통해 진로탐색을 보여주자.
3. 진로가 바뀌었다면, 바뀌면서의 고민을 활동을 통해 담아주자.

8

교과학습발달상황(1) 교과 내신

당연히 높을수록 좋다

● **교과 내신**

교과	과목	1학기				2학기				비고
		단위수	원점수/과목평균(표준편차)	성취도(수강지수)	석차등급	단위수	원점수/과목평균(표준편차)	성취도(수강지수)	석차등급	
이수단위 합계										

　　학교생활기록부에서 가장 각광받는 영역이라 해도 과언이 아닌 교과 내신 영역을 한번 살펴보자. 당연히 내신은 높을수록 좋다. 내신은 '다다익선'이라는 말로 가장 잘 설명된다. 낮아서 좋을 것 없고 높아서 나쁠 것 없다. 무조건 버리지 말고 챙겨야 한다. 내신의 중요성은 언제나 과소평가되기 마련

이다. 학생부종합전형이 '내신도 보는 전형'이지 '내신을 안 보는 전형'이 아님을 잊지 말자. 마찬가지로 '내신도 보는 전형'이지 학생부교과전형처럼 '내신만 보는 전형'도 아니다. 그렇다면 내신'도'의 의미를 뜯어볼 필요가 있겠다.

학생부교과전형이든 학생부종합전형이든 다음 명제를 부정하지는 않는다. '어떤 한 과목만을 놓고 봤을 때 등급이 높을수록, 즉 그 숫자가 낮을수록 좋다.'

> 과목 A의 석차등급 : 1등급 〉2등급 〉3등급 〉…… 〉9등급

그렇다면 내신만 보는 학생부교과전형과 내신도 보는 학생부종합전형의 차이점은 무엇일까? 바로 학생부교과전형에서는 결국 일정한 기준에서 전체 내신이 가장 높은 학생을 선발한다면 학생부종합전형에서는 그 학생의 성장 과정, 도전 의식, 해당 계열에 대한 관심을 평가하려고 내신을 사용한다는 점이다. 정리해서 살펴보자(다만 이 정리를 단정적·당위적으로 이해하지는 않았으면 한다. 그 이유는 뒤에서 설명하겠다).

> **학생부종합전형이 주목하는 '내신'**
>
> ❶ 전체 내신(당연한 소리!)
> ❷ 특정 과목 내신과 그 3년간의 변화
> ❸ 학년별 내신과 그 3년간의 변화
> ❹ 어떤 과목을 이수했는지

특정 과목 내신과 그 3년간의 변화

아무리 생각해도 전체 내신이 중요하다는 이유를 군이 설명할 필요는 없을 것 같다. 이 말만 하고 넘어가자. '내신은 높으면 높을수록 좋으니 절대 버리지 말자.'

당연히 ②는 살펴봐야 한다. '특정 과목'에는 앞에서 말한 명제가 역시 그대로 적용된다. '어떤 한 과목만을 놓고 봤을 때 등급이 높을수록, 즉 그 숫자가 낮을수록 좋다.' 즉, 등급이 높으면 '잘한 과목', 낮으면 '못한 과목'이다. 평가자의 입장에서 관심을 가지는 특정 과목이란 이 두 가지를 말한다 (생각해보면 당연한 일이다. 아무래도 평가자의 입장에서는 '잘한 과목'과 '못한 과목'에 눈이 쏠릴 수밖에 없다). 따라서 해당 과목이 내가 지원하는 전공이 속한 계열과 관련이 있다면 해당 과목을 특별히 열심히 챙겨서 '잘한 과목'으로 만들 필요가 있다. 그렇다면 '못한 과목'은? 다시 말하지만 내신은 높으면 높을수록 좋다. 따라서 '못한 과목'은 당연히 좋지 않다. 평가자 입장에서는 다른 과목에 비해 유독 못한 과목이 있다면 당연히 그 과목에 눈이 가기 마련이다(물론 부정적인 의미에서). 그러니 부디 어떤 과목도 버리지 마라.

이 의미는 전체 내신을 버리지 말라는 말과는 다소 다른 이야기다. 현실적으로 모든 과목에서 1등급을 받기는 지극히 힘들다(혹시 내신이 1.0에 수렴하는 학생이 있다면 이 책을 열심히 안 읽어도 좋다. 학생의 성실함과 노력이면 좋은 대학에 갈 거다. 이 책은 다른 학생들에게 추천해줘라). 따라서 현실적으로 단위수가 작은 과목, 주요 과목이 아닌 과목을 비교적 소홀히 하는 대신 다른 과목에 집중하는 편이 오히려 전체 내신을 높이는 전략이다. 하지만 그 과정에서 '못한 과목'이 발생한다면 이는 큰 독이 된다. 왜냐하면 평가자 입장에서 '못한 과목'은 학생의 성실성을 의심할 근거이기 때문이다. 모든 과목을 완벽하게 잘하라는 뜻은 아니다(그럴 수 있다면 좋겠지만 현실적으로 쉬운 일이 아니니까). 다만 모든 과목에 최소한 일정 시간 이상의 노력을 투자하도록 하자. 괜히 요령 피우다가 '못한 과목'을 만들어서 성실성을 의심받을 필요는 없다.

특정 과목을 평가할 때 해당 과목의 1학년 내신, 2학년 내신, 3학년 내신을 각각 보기도 하지만 변화의 추이를 보기도 한다. 유지하거나 상승하는 모습을 보이는 것이 좋겠지만 여기에 크게 의미를 부여할 필요도 없다(즉, 평가자 입장에서 그렇게까지 주목하는 점은 아니라는 말이다). 과목별 내신이 어떻게 변화하는지도 평가 대상으로 삼는다는 사실 정도만 인지하고 넘어가자.

학년별 내신과 그 3년간의 변화

사실 ③도 바로 앞과 비슷한 이야기를 해야 할 것 같다. 특정 과목이 아닌 학년별 내신과 그 변화의 추이 역시 중요하다. 마찬가지로 유지하거나 상승하는 모습을 보이는 게 좋겠다. 다만 지나친 하락이 아니라면 하락 추세를 보였다고 너무 걱정할 필요는 없다(이는 ②에도 해당하는 이야기다). 그러나 조건이 있다. 평가자가 납득할 만한 사유가 있어야 한다.

먼저 지나친 하락은 곤란하다. 예를 들어서 1학년 평균 내신이 2.7이었는데 2학년 평균 내신이 4.8로 떨어졌다면? 이건 지나친 하락이다. 어느 정도가 지나친 하락인지 명확한 기준을 내릴 수 없겠지만 그 하락 때문에 전체 평균 내신이 휘청거릴 정도라면 지나친 하락이라고 할 수 있다.

또한 타당한 이유가 있어야 한다. 아무런 사정도 없이 그저 내신이 하락하기만 했다면 이는 그저 객관적으로 불성실함을 의미할 뿐이다. 충분히 납득할 만한 이유가 있다면? 예를 들어 1학년에 비해 2학년 때 다양한 활동에 참여하고 도전하는 과정에서 내신이 (다시 말하지만 지나치지 않은 선에서) 하락했다면? 이는 충분히 납득할 만하다. 그 과정에서 하락한 내신 정도는 상쇄할 수 있는, 혹은 이를 넘어서는 무언가를 배우고 느꼈다면 내신 하락은 큰 문제가 아니다. 그런 다양한 활동 모습과 이유가 바로 다음에서 다룰 '세부능력 및 특기사항'이나 '창의적 체험활동상황', '행동특성 및 발달사항', 혹은 자기소개서에 충분히 설명되었다면 크게 걱정할 필요 없다(본인이 이런 경우에 해당한다면 이는 면접에서도 물어볼 가능성이 매우 높으니 충분히 고민해두어야 한다).

내신 하락을 납득할 수 있는 두 가지 조건

1. 지나치지 않은 하락
2. 하락을 설명할 수 있는 타당한 이유

어떤 과목을 이수했는지

①에서 ③까지 내용은 이전에도 어느 정도 인지하고 있었을 테지만 ④는 사실 평소에 크게 의식하지 않았을 것이다(의식하고 있었다면 다행이다). 이 부분은 '이렇게 해라'라기보다 '그렇게 해도 괜찮아'에 가깝다. 이게 무슨 소리냐고? 지금부터 살펴보자.

앞에서 본인이 지원하는 전공이 속한 계열과 관련이 있다면 해당 과목에 특히 신경 쓰는 것이 당연하다는 이야기를 했다. 예를 들어 본인이 공학 계열에 지원한다면 수학과 물리 같은 탐구 과목에 신경 쓰는 것이 당연하다. 이 과정에서 물리II와 같은 심화 과목을 이수할 기회가 있을지도 모른다. 심화 과목인 만큼 난도는 높은데 선택 인원이 적을 테니 당연히 내신에서 불리할 것이다. 그러니 전략적인 차원에서 물리II 선택이 망설여질 수 있다. 이때 '그렇게 해도 괜찮아'라는 것이 ④의 요지다.

학생부종합전형에서 교과 내신은 ①~③에서 강조한 대로 '숫자'의 관점에서 평가될 수도 있고 동시에 ④와 같이 '학생의 관심과 열정'의 관점에서도 평가될 수 있다. 어떤 학생이 공학 계열에 깊은 관심을 가지고 물리II를 선택했다면 그 때문에 객관적인 석차등급, 즉 '숫자'에서 손해를 봤더라도 '학생의 관심과 열정'이 드러났다는 점에서 학생부종합전형이라면 더 높은 평가를 한다는 뜻이다.

| 사례 2-13 |

교과	과목	1학기		
		단위 수	원점수/ 평균점수 (표준편차)	석차 등급
과학	물리II	4	94/59.9(22.4)	3

이 학생은 2017년 고려대학교 고교추천II 서류전형에 합격한 학생이다. 고려대학교 수준의 대학을 준비하는 입장에서 물리II를 선택한다는 것이 분명 쉬운 결정은 아니었을 것이다. 하지만 공학 계열을 꿈꾸고 있었기에 기꺼이 도전한 것이고 내신의 불리함에도 불구하고(물론 이처럼 3등급이 아닌 5~6등급 정도라면 좀 곤란했을 거다) 합격으로 이어졌다. 따라서 본인이 관심 있는 과목이 있다면 내신에 불리하다는 생각에 너무 매몰되기보다 용기 내서 도전해보도록 하자.

그리고 이런 노력은 '세부능력 및 특기사항'에도 분명히 드러난다(이건 곧 설명할 예정이다).

물론 현실적으로 희망하는 모든 과목을 이수할 수는 없다. 그럼에도 꼭 경험해보고 싶은 과목이 있다면 '방과후학교' 프로그램을 적극 이용하자. '방과후학교'에 대한 기록은 '세부능력 및 특기사항'에서 이루어진다.

9

교과학습발달상황(2) 세부능력 및 특기사항

교과와 연계된
활동으로 증명하라

'세부능력 및 특기사항'(앞으로는 '세특'이라고 줄여서 말하겠다)은 학생부의 꽃이라 해도 과언이 아니다. 특히 '교과와 연계된 활동'이 중요시되는 최근에는 그 무엇보다도 중요한 기록이라고 할 수 있다. 입학사정관제에서 학생부 종합전형으로 변화한 이후로 평가의 축은 동아리 활동이나 봉사 활동과 같은 비교과 활동에서 교과 활동으로 옮겨졌다. 즉, 이제는 수업 안에서의 활동과 이와 연계된 활동이 무엇보다도 중요해졌다는 말이다.

세특 칸에는 각 교과별로 해당 수업 안에서 학생이 겪은 개별적인 경험이 담긴다. 조금 더 구체적으로 말하자면 '좋은 세특 기록'이 되려면 해당 수업 안에서 이루어진 객관적인 활동과 학생의 학습 내용 그리고 그 안에 학생의 개별 특성이 담겨야 한다.

관찰과 평가의 기록이 들어가도록 하자

| 사례 2-14 |

세부능력 및 특기사항
기하와 벡터 : 처음에 도형을 2차원의 평면 공간에 표현하는 것에 많은 어려움을 보였음. 특히 타원 문제에서 어려움을 많이 호소했으나 수업시간에 나눠주는 문제를 꾸준히 성실하게 풀고 적극적으로 질문함으로써 나중에는 많이 극복함. 지금은 도형은 물론 이차곡선문제까지 원활하게 푸는 모습을 보여줌. [관찰 위주의 기록] 한 번 배운 개념을 응용하는 능력이 매우 뛰어나며 전혀 다른 문제처럼 보이는 문제도 같은 개념으로 풀 수 있음을 쉽게 파악하는 학생임. [평가 위주의 기록]

　　구체적으로 들어가기 전에 앞의 사례를 보자. 학교생활기록부에 쓰이는 기록은 크게 두 가지로 분류할 수 있다. 학교의 수업 그리고 프로그램에 대한 객관적인 내용이 담긴 '사실의 기록' 그리고 학교의 수업과 프로그램, 그 외에 학교 안에서 이루어진 활동 안에서 학생의 개별적이고 구체적인 모습에 대한 '관찰과 평가의 기록'이 이에 해당한다.

　　예를 들어 '1학기에 입학설명회 봉사 활동에 참여함'이라는 기록이 있다고 해보자. 이는 객관적인 사실을 진술한 것에 불과하므로 '사실의 기록'에 해당한다. 하지만 '1학기에 아픈 친구가 입학설명회 봉사 활동을 할 수 없게 되자 자원해 대신 참여함'으로 기록되었다고 하자. 그렇다면 똑같은 활동 기록이라 하더라도 학생이 어떤 계기로 해당 활동에 참여했는지에 대한 관찰이 담겼으므로 '사실의 기록'에 '관찰과 평가의 기록'이 더해진 것이라

할 수 있다.

좋은 평가를 받으려면 '사실의 기록'과 해당 수업과 활동 안에서 학생이 보인 구체적인 모습, 개별적인 특성을 서술한 '관찰과 평가의 기록'이 함께 담겨 있어야 한다. 앞의 [사례 2-14]에서 첫 번째 문장은 학생이 '기하와 벡터' 수업 시간 안에서 보인 성장을 관찰한 기록이고 두 번째 문장은 학생이 해당 수업에서 보인 총체적인 모습에 대한 평가의 기록이라 할 수 있다.

많은 학교가 이런 '관찰과 평가의 기록' 대신 객관적인 활동이나 수업 중에 배운 내용과 같은 '사실의 기록'으로 '세부능력 및 특기사항' 칸을 비롯해 학생부 대부분을 채우는 경향이 있다. 그렇다면 이는 학교생활기록부라고 할 수 없다. 오히려 '학교소개서'라고 하는 편이 정확하겠다. 중요시해야 하고 또 드러내야 할 대상은 '학생'이지 '학교'가 아니다. '학생'의 개별적인 성장과 발전 모습이 담길 때 가장 좋은 평가를 받을 수 있음을 잊지 말아야 하고, 매번 학생부를 볼 때, 자신의 행동이나 활동 사실을 근거로 느끼고, 성장한 점이 잘 드러나고 있는지 항상 살피고, 그렇지 않다면 선생님과 대화해 자신의 성장이 담길 수 있도록 노력해야 한다. 학생부 평가는 교사의 고유 권한이지만, 현행 학교 구조 속에서 개개인을 선생님이 모두 알고 성장점을 기록하기란 어려운 것이 사실이므로, 내가 한 활동, 그리고 그 활동을 통해 느낀 것이 있다면 당연히 그 내용을 선생님께 전달하는 것은 필수다.

공허한 관찰이 아니라 배우고 느낀 점을 적자

| 사례 2-15 |

세부능력 및 특기사항
(2학기)화학Ⅰ : (…) 호기심이 많아 일상에서 일어나는 다양한 현상을 관찰하고 자료를 찾아보며 스스로 공부해 해결하기도 함. 학생들이 마시는 카페인 음료가 우리 몸에 어떤 영향을 주는지 의문이 들어 이를 탐구해 '고카페인 음료가 인체에 미치는 영향에 대한 연구'라는 논문을 작성함. 인체 대신 흰쥐를 이용했으며 매일 카페인 음료를 먹이는 과정을 2주간 진행했음.

수업과 관련해 '고카페인 음료가 인체에 미치는 영향에 대한 연구'라는 탐구 보고서를 작성했다는 객관적인 활동 내용과 그 안에서 학생이 보고서 작성을 수행하면서 보인 태도에 대한 개별적인 내용이 함께 담겨 있다. 다만, 학생을 개별적으로 관찰한 기록이기는 하지만 객관적인 수준의 진술에 그치고 있다는 점이 다소 아쉽다. 그래도 이 정도만 돼도 충분히 좋은 기록이라고 할 수 있다. 적어도 해당 연구를 하게 된 계기 같은 학생의 개별적인 모습이 담겨 있기 때문이다.

요즘 이런 탐구 보고서 활동은 대부분 '창의적 체험활동상황' 칸이나 '세부능력 및 특기사항' 칸에 기록된다. 이 예시에서 또 다른 시사점을 찾아보자면 탐구 보고서에서 주목할 점이 해당 주제가 얼마나 화려하거나 탁월한지가 결코 아니라는 것이다. '카페인의 영향'에 대한 연구는 교과서에서도 다룰 정도로 흔하디흔한 연구다. 심하게 말하면 (친구에게는 미안하지만) 흔해빠진 연구라는 소리다. 위의 예시만 읽어도 어떻게 연구했고 결과가 어떻게 나왔을지 충분히 예측할 수 있다(실제로 물어보니까 예상 그대로였다). 다시 말해 중요한 것은 '탐구' 그 자체가 아니다. 이 학생이 왜 이런 탐구를 하게 됐는지(특히 해당 연구가 수업 안에서 배운 내용을 계기로 파생됐다면 더욱 좋다), 이 탐구로 무엇을 배우고 느꼈는지가 중요한 요소다.

┃ 사례 2-16 ┃

세부능력 및 특기사항
일본어 I : 일본문화에 관심이 많고 일본어에 열의가 있어서 수업에 적극적으로 참여함.

누가 봐도 좋은 기록이 아니다. 군이 따지자면 관찰에 대한 기록에 해당하기는 하지만 아무 의미 없는 관찰이다. 분명 이 학생은 일본어 수업 시간에 적극적으로 참여하지 않았을 것이다. 길이가 짧다고 나쁜 기록이라고 하는 게 아니다. 수업 안에서 이루어진 객관적인 활동에 대한 기록도 없으면서 개별적인 특성도 빠져 있기 때문에 나쁜 기록이라고 하는 것이다. 이렇게 추상적인 표현으로는 평가자가 아무것도 읽어낼 수가 없다. 말 그대로 '공허한 관찰'이다.

┃ 사례 2-17 ┃

세부능력 및 특기사항
물리 Ⅱ : 평소 수업시간 외에 여러 교재를 보며 자기 주도적 학습을 철저

히 하는 학생으로서 특히 앞으로 자신이 전공하고자 하는 음향학을 공부하려고 물리공부에 더욱 열심이며 이에 의문점이 있으면 반드시 질문하고 해결하는 성실한 모습을 보임. 자신이 관심 있는 분야인 음향에 대해 적극적으로 질문하며 정보를 알아보고자 노력하는 모습에 조금이나마 도움을 주고 싶어 오디오 엠프 및 스피커의 성향에 대해 대화했고 오디오 관련 서적을 권해주기도 하였음.

좋은 기록이다. 참고로 이 학교는 학생부종합전형에 적합한 환경은 아니었다. 애초에 교사 위주의 수업이 주를 이루고 있으며 학생 위주의 능동적인 프로그램을 운영하는 경우는 거의 없었기 때문이다. 하지만 이 기록에는 학생에 대한 세심한 관찰이 담겨 있으며 이를 통해 학생의 전공을 향한 관심과 열정을 뚜렷하게 느낄 수 있다. 그래서 매우 좋은 기록이다. 평가자의 입장에서 '이 학생은 음향학(음악 공학)에 관심을 가지고 있으며 공학 계열을 지망하기에 물리Ⅱ 과목을 선택했을 뿐만 아니라 그 안에서 선생님에게 자신의 관심 대상인 음향 기기와 그 원리를 지속적으로 질문하고 자신의 고민을 이어 나간 학생이구나'라는 생각을 하게 된다. 따라서 당연히 학생부종합전형에서 좋은 평가를 받을 수 있었다. 이는 모두 해당 기록이 학생의 개별적인 특성을 잘 담고 있는 훌륭한 '관찰과 평가의 기록'이기 때문이다. 학생은 서울대학교 일반전형에 최종 합격했다.

세부능력 및 특기사항 서술의 핵심

1. '학교'가 아닌 '학생'의 개별적인 특성이 담기도록 하자.
2. 단순한 '사실의 기록'만이 아닌 '관찰과 평가의 기록'이 함께 이루어지도록 하자.
3. 관찰 기록이 '공허한 관찰'에 머물지 않았는지 주의하자.

⑩

독서활동상황

지식의 확장

┃ 사례 2-18 ┃

학년		독서활동상황
1	한국사	일제강점기 조선인들의 아픈 삶을 깊이 공감함.
	공통	(1학기) 평소 역사에 관심이 많고 그 분야의 책을 자주 접함. 『개 같은 날은 없다』(이옥수)를 읽고 가정폭력의 피해자 입장을 생각해 보았고 가족의 소중함과 어려운 상황 속에서 희망을 갖고 노력해야 한다고 생각하는 계기가 됨. (2학기) 『엄마를 부탁해』(신경숙)를 읽고 어머니의 무한한 사랑을 다시 한 번 생각하는 시간을 가졌고 가족뿐 아니라 사회 속에서도 타인을 배려하고 사랑하는 사람이 되고 싶다는 생각을 하게 됨.

독서 활동 칸은 공통 독서와 과목별 독서 칸으로 나뉘는데, 두 칸 모두 학생이 스스로 읽은 독서 내용을 선생님에게 이야기하면 올려주는 경우가 많다. 따라서 읽은 책이 있고, 그 책이 배우고 있는 교과와 연계성이 있다면, 이를 과목 독서에, 그렇지 않다면 공통 독서 칸에 올리는 것이 바람직하다.

하지만 앞의 예시와는 다르게 개편 이후로 독서 활동 칸에 책의 제목과 저자만을 기록하도록 학생부 작성 지침이 바뀌었다. 따라서 학생부를 평가하는 사람들이 이 책을 읽었다는 사실은 알 수 있으나 왜 읽게 되었는지, 이 책을 통해 무엇을 알게 되었는지는 이제 알 수 없게 됐다.

따라서 교과나 희망 전공과 밀접한 관련이 있는 독서를 했다면 '세부능력 및 특기사항' 칸에 계기, 연관된 교과개념, 느낀 점, 배운 점 등을 함께 기록할 수 있도록 하는 것이 중요하다. 혹은 전공 관련 도서를 읽고 독후감을 제출해 진로에 대해 심도 깊은 고민을 했다는 식으로 '진로 활동' 칸에서 중요 도서를 읽은 계기, 느낀 점 등의 설명을 덧붙이는 방법으로 심도 깊게 보여줄 수도 있다.

독서활동상황 서술의 핵심

1. 교과와 연계성이 있는 책을 읽도록 한다.
2. 교과나 희망 전공 관련 도서를 읽고 '세부능력 및 특기사항' 칸, 또는 '진로 활동' 칸에 도서를 읽은 계기, 느낀 점, 배운 점 등이 기록되도록 한다.

11

행동특성 및 종합의견
담당 교사의 학생에 대한 평가

| 사례 2-19 |

학년	행동특성 및 종합의견
1	차분하면서도 긍정적인 생활태도를 가졌으며 자신의 진로에 대한 확고한 생각을 가지고 있고 이를 이루려고 학습적인 면에서 계획을 세워 성실히 준비하고 있는 학생임. 역사에 흥미가 많으며 인문학에도 관심이 많아 도서부에 들어가 다양한 책을 접하려고 했고, 여러 가지 인문학 강의를 스스로 신청해 청강함. 강의를 들은 후 자신의 생각을 글로 표현하고 생각해 보려고 함. 항상 다양한 것을 경험해보려다 보니 바쁜 학교생활을 하지만 지친 표정 없이 얼굴에 웃음이 끊이지 않는 낙천적인 성격의 소유자임.

행동특성 및 종합의견 칸은 은근히 많은 학생이 신경 쓰는 부분이지

만, 실제 대학에서는 평가에 크게 반영하지 않는다는 의견이 많다. 우선 학생에 대한 담당 교사의 전반적인 의견을 쓰는 칸이라 중요하기는 하지만, 담당 교사가 똑같은 패턴의 미사여구로 채우는 경우가 대다수이고, 공개되는 기록이라는 특성상 교사의 비판적인 시각이 반영되기 매우 어렵기 때문이다. 그렇다면 행동특성 및 종합의견은 필요가 없는 칸인가? 그렇지는 않다.

오히려 여러 가지 활동을 담을 수 있다

| 사례 2-20 |

학년	행동특성 및 종합의견
1	학습 이외에도 다양한 분야에 관심이 있어 논술 동아리에서 활발히 활동하면서 주기적인 대화와 토론을 함으로써 논리력을 키우고 있다. 우리 역사에도 깊은 관심이 있어 주말에는 역사 바로 알기 활동을 하는 등 매우 적극적인 행보를 보이고 있음. 자신의 진로와 관련한 정보를 수시로 접하고 기회 있을 때마다 체험하며 한국경제신문사에서 주최한 '제4회 테샛 경제 리더스 캠프'에 참가해 경영학과 경제에 대한 수준 높은 강의를 듣고, 진로 목표를 다지는 계기로 삼았음.

행동특성 및 종합의견 칸에는 학생 행동에 대한 담임교사의 관찰이 들어갈 수 있기 때문에 학생이 교외에서 참여한 강연 내용 등을 담을 수 있다. 물론 그런 캠프 참여 자체가 학생부종합전형 평가에 중요하게 작용하지 않는 요소임은 분명하지만, 외부 강연이나 캠프가 학생의 삶에 큰 영향

을 끼쳤다거나 중요한 활동을 하는 계기가 되었다고 한다면 나름대로 평가 과정에서 반영될 가능성이 있다. 학생에게 중요한 활동이었지만 창의적 체험 활동 칸에 기록하기 애매한 활동이라면 행동특성 및 종합의견 칸에 쓰는 것이 좋은 방법이다. 이전에는 수상하지 못한 교내 대회의 참가 내용도 쓸 수 있었으나 현재는 학생부 기록 지침상 수상이나 대회 참여 내용을 서술하지 못하도록 규정이 바뀐 상태다.

파트 1에서 언급했듯이, 학생부종합전형의 가장 큰 모토는 학생마다 동일한 출발선을 주기보다 상황에 따라 출발선이 다르다는 사실을 인정한다는 것이다. 예를 들어 같은 1등급 학생이더라도, 기초생활수급자인 학생과 부유한 집안의 학생에 대한 평가는 같을 수 없고, 같아서도 안 된다. 하지만 학생부에 이런 출발선의 다름을 표현할 수 있는 공간이 딱히 마련돼 있지 않은데, 행동특성 및 종합의견에 학생의 가정환경이나 학생이 처한 상황 등을 서술해 줌으로써 출발선이 다름을 고려하게 할 수 있다.

| 사례 2-21 |

학년	행동특성 및 종합의견
1	(배려) 어려운 가정환경에도 불구하고 자신보다 타인을 배려하는 성품이 인상적인 학생임. 스스로와의 약속에 엄격하고, 운동으로 스트레스 해소를 하면서 효율성을 제고하는 등 자기 통제력이 뛰어나기에 본인의 희망대로, 소위 머리는 차갑고 가슴은 따뜻한, 사회에 반드시 필요한 지성인이 될 수 있음을 확신함. (…)

[사례 2-21]에서는 학생의 가정환경이 어려움을 소극적이지만 드러내고 있다. 학생의 제약을 서술할 수 있는 거의 유일한 파트가 행동특성 및 종합의견 칸이므로, 평가자들이 고려해주었으면 하는 부분은 반드시 기록되도록 해서 출발선이 다르므로 배려를 해달라는 간접적인 요구를 해야 한다. 특히 출결사항에 무단지각이나 결석같이 결격 사유가 있는 학생이라면 사유가 무엇인지를 밝혀 결석 때문에 생길 수 있는 오해를 푸는 계기로 삼아야 한다.

행동특성 및 종합의견 서술의 핵심

학생 행동에 대한 담임교사의 관찰이 들어갈 수 있으므로 학생이 교외에서 참여한 강연 내용 등을 담을 수 있도록 하자.

학생부 기록,
소극적인 내가 걱정이라면?

　　학생부종합전형이라 하면 적극적인 성향을 지닌 학생에게 유리한 전형이라 생각하기 쉽다. 그러나 소극적인 성향이라 하더라도 학생부종합전형에서 충분히 의미 있는 결과를 낼 수 있으며, 사실 학생부종합전형 자체가 소극적인 모습에서 벗어날 수 있는 좋은 전형이다. 다양하고 능동적인 활동들을 권장하는 전형이기 때문이다. 즉, 학생부종합전형의 취지를 명확히 알고 종합전형에 합격하기 위한 여러 노력을 꾸준히 이어간다면 달라진 스스로의 모습을 확인할 수 있다. 실제로 많은 합격생들이 종합전형을 준비하는 과정에서 다양한 학교생활을 경험했으며 본인의 목소리를 내고 적극적으로 행동할 수 있었다는 증언을 하고 있다. 다음은 실제 합격생들이 이 책을 쓰는 과정에서 들려준 이야기다.

　　"물론 처음에 누가 등을 밀어주고 믿어주는 과정이 있었다면 도움이 되었겠지만, 내가 필요해서 학교 선생님에게 도움을 요청하고 친구들과 함께 새로운 활동을 계획하다 보니 남들 앞에서 제 생각을 말하는 것에 익숙해진 것 같아요. 그 덕분에 지금 대학에서는 팀 프로젝트에서 발표하는 역할을 먼저 나서서 맡을 수 있게 됐어요."

"처음에는 정말 부끄러웠는데 제가 꼭 하고 싶은 활동이라 자율동아리 활동계획서를 작성하고, 같이할 친구들을 모으고, 엉겁결에 부장이 돼 활동을 기획하고 발표회를 주관하기도 했어요. 점점 익숙해지니까 자신이 붙더라고요. 종합전형을 준비하면서 가장 좋았던 점은 새로운 제 모습을 발견할 수 있었다는 점이라고 생각해요."

처음부터 적극적인 학생은 그리 많지 않다. 그러니 용기를 갖고 자신의 진로에 맞는 활동을 찾아 적극적으로 시도해보도록 하자.

저는 여러 활동을 하고 싶은데, 성격이 워낙 소극적이에요.

앞에서도 몇 번 언급했지만 이 책에서 요구하는 능동성은 그렇게까지 두드러지는, 높은 수준의 능동성이 결코 아니다. 즉, '남들 앞에서 나서기를 생활화해라!' 정도의 요구는 결코 아니다. 다만 매 순간을 고민하고 그 고민의 결과를 행동으로 구체화할 수 있어야 한다는 뜻이다. 동아리를 설립할 수도 있고 친구들과 공동 보고서를 작성해볼 수도 있다. 정말 본인이 많이 소극적인 성격이더라도 차선책으로 혼자 보고서를 작성하는 등 여전히 좋은 활동을 많이 쌓아갈 수 있다.

그러면 소극적인 학생은 어떻게 해야 할지 구체적으로 알아보자. 앞에서 말했듯 혼자 하는 활동도 많다. 따라서 소극적이기 때문에 활동을 못한다는 편견부터 깨야 한다. 진짜 문제는 대부분 소극적인 성격이 아니라 '무엇을 할지 제대로 모른다'는 데에 있다. 소극적인 성격이라 선생님이나 활달한 친구들과 어울리며 활동을 같이 해나가는 것이 부담스럽다면, 다음과 같이 월별로 계획을 세워보자.

3월 동아리 가입하기
5월 학교 생물교과서에서 궁금한 것 체크하고, 인터넷으로 조사해 간단한 보고서 써보기
7월 방과후학교 실험에 참여해 실험보고서 작성해보기

남들 앞에서 발표하거나 리더가 되는 일처럼 부담스러운 일을 제외하고 할 수 있는 활동을 미리 계획해서 실행하면 편하다. 계획을 세우고 나면, 소극적이라도 혼자 할 수 있는 좋은 활동이 충분히 많음을 알 수 있다.

선생님께 제 활동을 어떻게 알려드리죠?

활동을 열심히 했더라도 이번에는 어떻게 '기록될지' 모른다. 사실 한 반에 학생이 25~30명이나 되니 아이들의 활동과 역할을 한 선생님이 전부 알고 기록해주기는 매우 힘들다. 게다가 학생이 조금 소심한 성격이라면 활동을 적어달라고 부탁하는 것을 어려워하기도 한다. 그래서 많은 일선 학교에서 담임선생님이나 동아리 선생님이 학생에게 자신의 역할이나 활동을 적어오게 하고, 그 자료를 바탕으로 학생부에 서술해주고 있다. 이는 원칙적으로는 옳지 않으

나 교사당 학생 수가 적절한 수준으로 내려오기 전까지는 궁여지책으로 쓰일 수밖에 없다고 서울대에서 발표한 논문에서도 지적하고 있다. 따라서, 다음과 같이 해보자.

1. 활동했지만 행동특성 및 종합의견이나 자율/진로/봉사 활동 칸에 기록되지 못한 것이 있다면 담임선생님께 해당 사실을 기록해달라고 '요청'해보자.
2. 동아리 활동은 나의 역할이 구체적으로 무엇이었는지, 어떤 것을 느꼈고 알게 되었는지를 적어서 제출해, 담당 선생님이 정보로 사용할 수 있도록 한다.
3. 각 과목에서 발표, 독서, 탐구를 한 경우에는 간단하게라도 독서에서 느낀 점, 발표에서 조사한 내용 등을 A4 한 장짜리 보고서 형태로 만들어 선생님께 제출하도록 하자. 세부능력 및 특기사항에 보고서를 제출했다고 기록해주실 가능성이 높다.

학생부종합전형 학년별 학생부

각 학년별 활동 가이드

1학년을 위한
가이드

학생부종합전형을 주제로 강의하다 보면, 1학년 학부모가 하는 질문은 정해져 있다. 바로,

> "도대체 우리 아이는 어떤 활동을 해야 하나요?"

이 질문에는 보통 이런 의미가 있다.

> "우리 아이는 꿈이나 하고 싶은 게 없어요. 학생부종합전형은 1학년부터 준비해야 한다는데, 괜히 준비했다 바뀌면 어떡하나 싶고, 대체 어떤 분야를 준비해야 할까요?"

강연을 다닐 때마다 학부모들에게 이런 공통적인 질문을 받으면 정말 안타깝다는 생각이 든다. 이 질문은 정말 '나쁜' 질문이기 때문이다. 이런

생각이 학부모와 학생을 '아무것도 할 수 없는' 상태에 빠뜨린다. 꿈이 없는 아이는 꿈이 없기 때문에 결국 아무것도 준비하지 않는다. 그리고 이런 아이가 꿈을 찾았다고 하면 저 나쁜 질문은 이번엔 이렇게 바뀐다.

"하고 싶은 건 있는데, 대체 어떤 활동을 해야 좋은 평가를 받을 수 있을지 전혀 모르겠어요."

질문하는 이유가 다 제각각인 것 같지만, 결국 똑같이 제자리다. 전문가가 보기에 이건 결국 '나는 아무것도 하지 않고 있다'는 이야기밖에 안 된다. 그럼 도대체 아무것도 모르는데 어떻게 하란 말인가. 다음에 소개할 사례를 보면서 우리 아이들의 막연한 1학년을 도대체 어떻게 보내야 하는지 알아보도록 하자.

1

1학년,
가치 없는 활동은 없다

| 사례 3-1 |

1	동아리 활동	[생명과학반] • (나눔/배려) 제11회 강동—송파 학생 과학 축전에서 천연 아로마를 이용한 립밤 만들기와 사슴벌레 해부를 주제로 부스를 운영해 축전에 참여한 학생들에게 지식을 전달해주고 자신의 수준을 한 번 더 확인함. • (소통) 동아리 간 학술 활동 경연대회인 학술제를 준비하면서 1년 동안 동아리에서 했던 활동들을 전시하고, 교내 학생이 체험할 수 있는 체험의 장으로 만들어 학생들과 소통했음.(…) • 하계 동아리 캠프에 참여해 동아리 부원 간 친목을 다졌으며, 동강 레프팅을 하면서 동강의 지형과 주변 동식물의 식생을 이해하는 기회를 가짐. 동아리 조별 실험을 중간 평가하고 1학기 활동을 자체 평가하며 2학기 계획을 세움.

평범한 일반고에서 4~5등급 정도의 내신을 받는 학생의 동아리 활동 내역이다. 이 학생은 1학년 동아리 활동에서 '생명과학반'을 택했다. 그렇다면 이 학생이 3학년 때 지원한 학과는 어디였을까? 정답은 '경제학과'다. 이 책에서 이 학생의 사례를 가지고 말하고 싶은 바는 뚜렷하다. 동일한 학생의 2학년 동아리 활동인 [사례 3-2]를 살펴보자.

| 사례 3-2 |

2	동아리 활동	[시사경제반] • '홍보팀장'으로서 아이디어를 제시하고 늘 뒤에서 어려운 일을 도맡아 돕는 성격으로 인성이 좋음. '○○제 부스제작' 등의 일에 적극적으로 참여함.(…) • 축제 '○○제'에서 '경제 속 차이와 차별, 국제적 빈부격차' 전시 기획, 전시장 설치에 창의력을 발휘해 높은 평가를 받음.(…) • 고려인 돕기를 위한 캠페인 등 향후 동아리 활동 계획을 기획하는 일에 적극적으로 참여함.

이 학생에게 1학년 때에 생명과학반을 택한 이유를 물어보니 결론은 단순했다. 원래 이과를 지원했기에 단순히 이과에서 '괜찮은' 동아리를 택한 것이다. '괜찮다'의 의미는, 적당히 많은 활동을 하고, 나름대로 활동 의지가 있는 학생이 모인 동아리를 의미한다. 이 학생이 1학년 내내 하던 여러 가지 활동은 사실 이 학생이 경제학과에 지원하는 데에는 커다란 기여를 하지 못했다. 활동 대부분을 자기소개서를 작성하면서 걸러서 버렸다. 하지만 이 활동들은 이 학생을 지도하는 컨설턴트인 내가 보기에 매우 중요했다.

생명과학반 활동과 시사경제반 활동 사이에서 유사성을 찾아보자. 크게 두 가지 부분을 찾을 수 있다. 첫 번째는 '전시 기획'이고, 두 번째는 '동아리 활동 기획에의 참여'다. 이 학생은 5.4의 내신으로 건국대학교에 입학했는데, 이는 거의 내신 한계를 2등급가량 뛰어넘은 성과라고 볼 수 있다. 과연 그 과정에서 생명과학반 활동 경력은 도움이 됐을까?

결론부터 말하면, 학과 때문이든 학생의 진로 때문이든, 이 학생의 자소서 작성이나 면접에서 생명과학반 활동은 중요하게 쓰이지 않았다. 하지만 이 학생이 1학년 때 생명과학반에서 '동아리 실험 전시'라는 활동을 해보지 못했다면, 적어도 '선배들이 저런 활동을 하는구나'라고 느끼지 못했다면, 2학년 때 시사경제반에 들어가서 홍보팀장이라는 역할을 맡고, 축제 '○○제'에서 '경제 속 차이와 차별, 국제적 빈부격차' 전시 기획, 전시장 설치라는 활동을 할 수 있었을까? 불가능했을 것이다. 1학년 때 선배들이 준비한 축제 전시를 봤고, 허드렛일일지라도 거들어 봤기 때문에 이 학생은 2학년 때 홍보부장 자리를 주도적으로 맡을 수 있었고 전시 기획도 할 수 있었던 것이다.

이 '생명과학반'에서의 실험 전시 기획은 자기소개서에나 면접에서 중요한 주제가 되지 못했지만, '시사경제반'에서의 전시 기획은 자기소개서 2번 문항에서 비중 있게 다룰 수 있었고, 면접에서도 교수와 입학사정관의 많은 관심을 받았다. 1학년을 그냥 흘려보내지 않고 어떤 활동이라도 했기에, 결국 이 학생은 대학에 갈 수 있었던 것이다.

2

활동이
가장 많은 곳을 찾아라

| 사례 3-3 |

1	동아리 활동	[학술 동아리] • '친환경적인 곰팡이 제거제 연구'라는 주제로 성실하고 끈기 있게 팀프로젝트 활동을 수행함. • 과학 실험을 진지하게 설계해 보면서 창의적 문제해결력이 크게 향상됨. • 팀프로젝트 사전계획서 발표회에서 주제에 따라 탐구 계획을 포스터로 만들고 전시함. 중간보고회에서는 탐구 진행 상황과 중간 결과를 PPT 자료로 정리해 발표함. • 제4회 ○○ 자연계 학술제에서는 연구 과정과 성과를 포스터와 PPT로 작성하고 발표해 많은 사람과 공유했으며, 제4회 ○○ 학술지에 탐구 결과 논문이 실림. 팀프로젝트를 처음 실행하는 것이라 처음에는 주제 정하기와 실험에 미숙해 시행착오를 겪었으나 팀원 간 서로 격려하고 북돋아주면서 팀프로젝트를 수행함으로써 협동심의 중요성을 알게 됨.

2	동아리 활동	[학술 동아리] • '안드로이드 일정 관리 애플리케이션 개발'이라는 주제를 스스로 정해 팀프로젝트 연구 활동을 수행함. 탐구 과정 중 사전계획서 발표회, 중간연구 발표회에 참여해 연구과 정을 공유하며 토론하는 기회를 접함. • 초등학생을 대상으로 창의인성 교육기부 봉사 활동을 함. 포토샵으로 사진을 편집하는 기본 기능을 알려 주고 스토 리텔링을 통해 아이들과 소통하는 기회를 가짐. • 과학관을 견학하며 최신 과학기술 동향을 파악하고 관심 있는 분야를 좀 더 심도 있게 공부할 수 있었음.

[사례 3-3]의 학생은 1학년 때 화학탐구 동아리에서 활동했다. 실제 이 학생의 꿈은 소프트웨어 개발자였다. 1학년에 소프트웨어 관련 동아리가 없었기 때문에 우선 그나마 활동이 활발한 축에 속하던 화학 동아리에 들 어가서 활동을 시작했다. 이 동아리에서 논문 읽기 대회, 탐구 보고서 작 성, 실험 등 동아리에서 진행하는 여러 가지 활동을 경험할 수 있었고, 이 를 토대로 2학년에 올라가 화학 동아리 친구 일부와 다른 동아리 소속 친 구를 모아 소프트웨어 동아리를 주도적으로 만들었다.

[사례 3-3]의 학생은 화학 동아리에서 진행한 여러 활동을 주도적으로 소프트웨어 동아리에 접목해 더 발전시켰다는 내용을 자기소개서에 녹여내 기도 했고, 면접에서 화학 동아리 활동에 대한 질문도 받았다. 그리고 화학 동아리 활동 역시 소프트웨어 개발자라는 꿈을 이뤄가는 과정에 필요한 '논 리적 사고', '지적 호기심' 등을 보여주는 어필 포인트로 사용할 수 있었다.

1	동아리 활동	[화학 동아리] • 1학년 기장으로서 늘 책임감을 가지고 모든 활동에 흥미와 열정을 보이며 적극적으로 임하는 학생임. 항상 성실하게 참여하는 자세가 인상적임. 동아리 시간이 끝나도 언제나 마지막까지 남아 동아리실 정리를 하는 등 모범적인 모습을 자주 보여줌. • 동아리 시간에 진행하는 여러 실험에 적극적으로 참여했음. • 직접 주제를 정하고 실험계획, 실험수행, 결론, 소논문 작성까지 진행하는 조별 프로젝트 연구에서 '혈액 응고에 따른 산도 변화와 활용', '아보가드로의 수 측정' 실험을 진행했음. 그 과정에서 실험이 잘되지 않아도 포기하지 않고 문제점을 찾아내 극복해 나가는 과제 집착력을 볼 수 있었고, 결과에 대한 분석력이 뛰어남. • '유기화합물과 작용기'라는 주제로 개인탐구를 수행함. • 지역에서 이루어진 동아리 행사에 참여해 지역주민을 대상으로 부스운영을 성공적으로 수행했음. 지역시설과 연계해 교육봉사를 진행했음. • 교내 학술제에서 교사, 학생을 대상으로 점탄성의 원리를 설명하며 부스를 운영함.
2	동아리 활동	[자율동아리] • 건축에 관심이 많은 친구들과 동아리를 만들고 연간계획을 수립하고 활동 내용을 정하는 데 중추적 역할을 담당함. • 현 건축학과 선배에게 정보를 얻고 도움을 청해 하중실험을 했으며 조별로 건축물 제작 활동을 함. • 책임감 있게 동아리를 이끌면서 졸업생 선배와의 인터뷰를 주선했고 건축학과 탐방계획을 수립하고 견학함.

[사례 3-4]의 학생도 마찬가지다. 1학년 때는 화학 동아리에 가입하고 2학년 때는 자율동아리로 건축 동아리를 창설했는데, 자소서에서도 1학년 때 활동이 많은 동아리에 들어간 경험이 2학년 때 자신의 관심사를 반영한 건축 동아리를 주도적으로 만드는 데에 도움이 되었음을 이야기했다.

1학년이라는 시기가 3년의 고등학교 과정 중에서 어떤 의미를 갖는지는 여러 가지로 의견이 분분할 수 있다. 하지만 다양한 등급대의 학생들을 만나고, 다양한 진로의 학생을 컨설팅해본 내 경험을 통해 자신 있게 이야기할 수 있는 것은 1학년은 '베스킨라빈스31의 맛보기 스푼' 같은 단계라는 것이다.

베스킨라빈스에서는 매년 새로운 맛을 출시한다. 사람은 누구나 새로운 것에 대한 두려움을 지니고 있다. 그래서 보통 새로운 맛보다 자신에게 익숙한 맛을 사려 한다. 베스킨라빈스는 새로운 맛이 나올 때마다, 손님에게 그 맛을 작은 스푼으로 '맛보기'를 추천한다. '맛보기'를 해본 사람은 새로운 맛을 조금씩 알아가고 그에 익숙해진다. 다음부터는 그 맛을 직접 선택해 구입하기도 한다. 활동도 마찬가지다. 새로운 상황, 새로운 압박, 새로운 목표 앞에 놓인 1학년 학생들은 두렵다. 그리고 그 두려움 때문에 '뭘 할지 모르겠다', '어디서부터 해야 할지 모르겠다'와 같은 추상적이고 쓸데없는 고민에 빠져든다. 그러다가 새로운 맛 아이스크림이 출시돼도 매번 먹던 맛만 사먹듯이 아무런 선택도 하지 않는다. 이건 무서운 관성이다. 1학년 때 우리가 해야 할 일은 아무것도 하지 않으려는 이 관성을 깨고, 무엇인가 하지 않으면 좀이 쑤시는 '학종형 인간'으로 거듭나, 활동을 멈추고 싶지 않은 '관성'을 몸에 들이는 것이다.

1학년부터 '6논술 전략'은
최악의 선택이다

고3 학생들을 상담하면서, 가장 안타까운 입시전략이라고 생각한 게 '6논술'이다. 6논술은 말 그대로 6장으로 제한된 원서 모두를, 논술에 쏟아붓는 것을 말한다. 내신도 안 좋고, 이렇다 할 활동도 하지 않았으며, 수능은 그저 그런 학생이 취할 수 있는 배수진이다. 물론 6논술로 기적같이 원하는 대학을 가거나 자신의 수능 성적보다 높은 대학에 합격하는 사례도 등장하곤 하지만, 6논술의 최후는 대부분 '재수'다.

경쟁이 치열한 고등학교 vs 경쟁이 덜 심한 고등학교

근본적으로 이 학생들이 왜 6논술을 선택했을까 생각해보면, 상당 부분 책임이 부모에게 있다고 생각한다. 이 이야기의 시작은 아이가 중3일 때로 거슬러 올라간다. 나중에 좀 더 자세하게 다루겠지만, 중3 자녀를 둔 부모는 대부분 이런 고민을 한다.

"아이를 공부 잘하는 학교(내신을 따기는 어렵지만 교육 여건이 좋은 학교)에 보낼 것이냐, 아이를 공부 못하는 학교(내신을 따기 비교적 쉽지만 교육 여건은 비교적 안 좋은 학교)에 보낼 것이냐."

이 책을 읽고 있는 중학생 자녀를 둔 부모님은 모르시겠지만, 이미 이런 고민을 거쳐 아이를 고등학교에 진학시킨 부모님은 아실 것이다. 아주 일부를 제외하고, 공부를 잘하는 학교에 가든 그렇지 않은 학교에 가든 우리 아이의 내신 성적은 나쁘다. 이유는 간단하다. 내신은 상대평가이기 때문이다. 그리고 보통 (문과 기준으로) 내신이 2점대 안에는 들어야 우리가 익히 알 만한 '인서울' 대학에 갈 수 있다고 보는데 그 2점대 내신에 들려면 400명 정원 학교 기준으로 전교 30등 안에 꾸준히 들어가야 한다는 말이다. 심지어 공부 잘하는 학교에서는 내신을 나눠먹는 현상이 심하다보니 전교 30등 안에 들더라도 2등급이 넘어가는 경우가 간혹 발생하고는 한다. 모든 학부모의 걱정이 '내신'인 이유는 실력이 있더라도 경쟁이 조금만 심하면 금방 내신이 안 좋아지기 때문이다. 게다가 공부를 해보겠다는 아이들 자체가 중학교에 비해 많을 수밖에 없다. 상대적으로 중학교는 선택의 폭이 좁지만, 고등학교는 예술계열, 실업계열 등등 선택 폭이 더 넓기 때문에, 미리 진로를 정한 이들을 제외하고 공부를 하고자 하는 학생이 모두 모였으니 인문계 고등학교의 경쟁은 확실히 치열해진다.

본론으로 돌아와서 어찌됐든, 이런 고민을 거쳐 고등학교에 진학하면 첫 중간고사를 본다. '그래도 중학교에서 공부 좀 하던 아이인데' 하던 생각이 무색할 정도의 등급을 받아온다. 다행히 2등급 선에 들어가면 좋은데 3등급, 더 나아가서(?) 4등급을 받아오면 어머니의 마음이 조급해지기 시작한다. '○○대학 가려면 3등급은 받아야 한다던데……' 학생부종합전형으로 서울에 있는 대학에 가려면 대체로 (전교과 평균으로) 3등급 대에 내신이 위치해야 한다. 이런 상태가 1학기 중간고사, 기말고사까지 이어지면, 학부모 대부분이 '우리 아이는 학생부종합전형은 안 되겠다'고 지레짐작하고, 힘들어도 수능으로 대학에 가겠다는 계획을 세운다. 물론 그 학생이 진짜로 수능과 잘 맞는 학생이라면 내신이 안 나와도 수능을 잘 보는 것이 가능하다. 그런데 냉정하게 말해서 과연 내신 3~4등급이 넘어가는 일반고나 자사고 학생이 수능에서 원하는 대학에 갈 만큼 우수한 성적을 낼 수 있을까? 십중팔구는 결국 3학년이 되면 내신도 안 좋고, 수능은 재수, 반수생에게 밀려서 원하는 대학에 갈 수 있는 방법은 논술 전형밖에 남지 않게 된다. 이런 과정을 거쳐 6논술 전략을 구사하는 학생이 생기는 것이다. 그리고 앞에서 말했듯이 대다수 현역 '6논술족(族)'은 재수로 이어진다.

논술은 확률이 가장 떨어지는 전략이다

이 현상은 공부를 잘하는 학교나 자율형 사립 고등학교에서 더 심하게 나타난다. 내신 대신 논술이나 수능으로 대학에 합격한 합격생이 일반적으로 공부를 못하는 학교에 비해 더 많이 눈에 띄기 때문이다. 하지만 결국 6논술의 최후가 대부분 재수라는 것을 감안할 때, 이는 대책 없는 희망고문에 불과하다. 이는 아래에서 볼 수 있듯이 통계로도 증명된다. 논술은 모든 전형을 통틀어 가장 합격률이 낮은 전형이다.

● 수시 전형별 지원대비 합격률

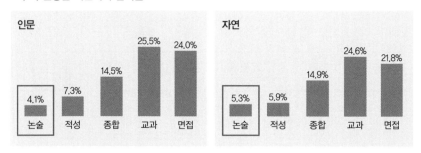

※ 예를 들어 문과 학생 100명이 종합에 지원하여 14.5명이 합격한다면, 논술에서는 문과 학생 100명이 지원하여 4명만이 합격한다.

많은 아이들이 1학년 내신을 보고 실망해서 정시를 준비하고, 논술을 준비한다. 오죽하면 학년이 올라갈수록 내신을 포기하는 아이가 많아지기 때문에 내신을 따기가 조금 더 수월해진 것 같다고 말하는 학생이 있을 정도다. 최상위권은 갈수록 내신 경쟁이 치열해지지만, 중위권에서는 그만큼 내신을 중도에 포기하고 논술이나 수능에 목메는 경우가 많다는 증거라고 볼 수 있다.

그렇지만 앞의 통계가 증명하듯 논술로 대학에 가기란 매우 어렵다. 논술 전형 자체가 폐지선상에 올라와 있다는 사실은 둘째 치더라도 지원 대비 합격률이 다른 전형에 비해 매우 낮다. 반면 4~5등급 대 학생의 경우, 지원 대비 가장 높은 합격률을 보이는 전형이 바로 학생부종합이나 교과다(면접 전형 역시 서류 평가는 종합적으로 진행하는 곳이 대부분이다).

경험으로 보나, 통계로 보나, 앞으로의 추세를 살펴보나 결국 답은 학생부종합전형이다. 그래서 우리는 고민의 방향을 바꿔야 한다. '내신이 망했으니 학생부종합 말고 어떤 전형으로 대학을 가지?'가 아니라, '내신이 망했는데, 학생부종합전형을 어떤 방식으로 노리면 좋을까?'로. 파트 2에서는 망한 내신을 극복하는 방법을 다루었으니 유념하도록 하자(물론 교과 내신에 대한 심층적인 이야기도 구체적으로 다루었다).

4

이미 망한 내신,
평가 원리를 알아야 역전한다

아이가 고3이 되면 많은 학부모가 아이와 함께 상담을 받으러 필자를 찾아온다. 이때 서로 가장 많이 놀라는 부분이 뭘까? 바로 컨설턴트로서 평가하는 입장인 내가 학생부에서 중요하게 생각하는 부분과 학부모와 학생 본인이 중요하게 생각하는 부분이 크게 차이 난다는 것이다. 학부모나 학생에게 물어보면, 대부분 학생부에서 가장 중요한 부분이 '교과학습 및 발달사항'의 내신 등급이나, '수상 경력'의 개수 혹은 전공 관련 '수상 여부'라고 대답한다. 물론 틀렸다고 말할 수는 없으나 학생부종합전형에서 가장 중요하게 평가하는 요소가 내신 등급이나 수상 경력 그 자체는 아니다. 많은 사람이 하는 이 오해 때문에 1학년과 2학년의 학생부가 엉망이 된다.

물론 최근 기조를 고려했을 때 내신은 높을수록 좋다. 그 사실을 부정하려는 것은 아니다. 내신이 높을수록 훨씬 더 안전하게 학생부종합전형에 도전할 수 있다. 하지만 모든 학생들이 1.0~1.3 수준의 상위권 내신을 받을 수 있는 것은 아니다. 즉, 이번 장에서 다루고자 하는 내용은 "내신 등급 자체는 중요하지 않다"가 아니라 "내가 받은 내신을 최대한 현명하게 활용할 수 있는 방법을 고민해보자"라고 할 수 있겠다. 일단 고등학교 첫 내신부터 기대만큼 안 나오는 것은 정말 자연스러운 현상임을 지적하며 이야기를 시작해보자. 그래서 우선 그 성적을 받아들이는 자세가 가장 중요하다. 이를 인정한 다음에는 어떻게 해야 할까? 많은 학부모가 당연히 내신 성적을 올려야 한다고 생각한다. 물론 맞다. 지금 4등급인 성적으로는 학생부종합전형에서 경쟁력이 높지 않기 때문에, 원하는 대학을 가려면 내신을 올려야 한다. 하지만 학부모의 초점이 '몇 등급을 올릴까?', '어떤 학원을 보낼까?', '내신 공부는 어떻게 시키지?', '몇 주 전부터 공부를 시켜야 하지'에 맞춰져서는 곤란하다. 이 초점을 대폭 전환해야만 아이가 소위 '6논술족'이 아닌 '학생부종합전형족'이 돼 좋은 대학에 갈 확률이 더 높아진다.

학부모는 당장 숫자로 눈에 보이는 내신 등급에 집착하다가, 내신을 올리는 방법으로 학원을 선택한다. 하지만 내신(교과영역) 평가는 숫자가 아니라 '세부능력 및 특기사항'을 포함해 정성적으로 이루어진다. 아이를 학원에 보내 내신 숫자를 올렸더라도 사실 평가에 거의 영향을 미치지 못한다. 왜냐하면 평가자가 궁금해하는 것은 이 아이가 내신을 올리고자 어떤 노력을 하고 어떤 고민을 했는지 그 과정이다. 내신을 올린 내면의 이야기를 듣고 그 속에서 이 아이의 성격과 자질을 찾으려 한다. 사례를 하나 살펴보자.

몇 점이 아니라 무엇을 공부했나

| 사례 3-5 | 교과학습발달상황 – 3학년

교과	과목	단위수	원점수/과목평균(표준편차)	석차 등급
과학	지구과학Ⅱ	3	68/43.6(16.9)	3(55)
과학	화학Ⅱ	3	56/35.3(24.0)	4(89)
기술–가정/ 제2외국어/ 한문/교양	중국어Ⅰ	3	42/39.2(22.5)	4(111)
이수단위 합계		28		

화학Ⅰ에서 내신 4등급에 해당하는 성적을 받았지만, 3학년 때 화학Ⅱ 과목을 선택했다. 보통 화학Ⅱ는 성적이 좋은 친구도 선택을 꺼리는 과목이다. 선택하는 사람 숫자는 적고, 내용은 다른 과학 과목에 비해 어려워서 좋은 성적을 받기도 어렵고, 다른 과목을 공부할 시간도 상당히 빼앗기기 때문이다. 역시나 화학Ⅱ에서도 좋은 성적은 받지 못했다. 하지만 이에 굴하지 않고 이 학생은 과제연구 과목, 화학 실험 과목 등을 또 거침없이 선택한다. 학생의 세부능력 및 특기사항을 보자.

| 사례 3-6 |

세부능력 및 특기사항
과제연구Ⅱ : (2학기)과제연구Ⅱ(과학거점학교) : 실생활에서 겪는 화학적 현상에 대한 관심을 바탕으로 '다양한 물질의 아세트알데히드 제거 효과'를 주제로 연구했고, 실험에 필요한 제반 준비와 실험 실행을 도맡아했다. 자신의 역할을 잘 수행했고, 분담한 역할에서 부족한 부분을 찾아 도움을 주며 효율적인 연구가 가능하도록 함으로써 우수한 과제연구보고서를 완성함. 화학실험 : (2학기)화학실험(과학거점학교) : 실험 조작 능력이 우수하고 실험 결과를 분석하는 능력이 좋아 실험 보고서가 논리적이며, 화학 이론에 대한 이해도는 평균이지만 호기심과 열정이 많아 매 실험에 적극적으로 임하며 수행도를 높여나감.

아마도 평가자들은 화학Ⅰ 성적이 좋지 않음에도 불구하고 화학Ⅱ를 선택한 이 학생의 선택에 관심이 생겼을 것이다. 그리고 이 학생이 그 과목에서 무슨 활동을 했고, 어떻게 공부에 임했는지 그 자세를 관찰했을 것이다. 보통 3등급이나 4등급 학생이라면, 최대한 활동을 자제하고 그저 내신 숫자를 올리려고, 혹은 이미 내신은 포기하고 수능만을 노리며 공부하기 마련이다. 그래서 학생부를 펴보면 그저 그런 미사여구들로만 가득하다. 하지만 이 학생은 그렇지 않다. 자기가 4등급이지만, 의기소침해서 가만히 있기보다 과목에 대한 흥미와 관심을 표현하고, 심지어는 실험 조교까지 자처해 열심히 학습에 임했다. 이런 기록이 평가자로 하여금, '이 학생은 조금 더 가르치면 더 높은 등급을 받았을 수 있겠구나', '실험과 참여 위주의

수업이 많은 대학에서 적극적인 자세로 학습에 임하겠구나', '화학I 성적은 좀 안 좋지만, 화학II에서 배운 지식이 있을 테니 대학 수업에 잘 적응할 수 있겠구나' 등의 평가를 내리게 할 것이다.

이 학생은 한양대학교에 합격한다. 무려 3.5등급의 내신이었다. 그리고 심지어 3년 내내 내신 성적이 하락했다. 물론 한양대학교가 내신 등급을 블라인드 처리하고 평가한다고는 하지만, 대부분 합격선이 1.5등급 내외에서 결정되기 때문에 평균적인 합격생과는 다소 거리가 있는, 이례적인 사례라 할 수 있다. 한양대의 평가자들은 이 학생이 가진 화학에 대한 열정을 내신과 무관하게 확인할 수 있었던 것이다. 그런 열정 덕분에 내신이 조금 낮더라도 수학하는 면에서는 문제가 없으리라 판단한 것이다.

스토리가 있는 내신 관리

| 사례 3-7 |

교과	과목	1학기			2학기		
		단위수	성취도 (수강자 수)	석차 등급	단위수	성취도 (수강자 수)	석차 등급
영어	실용영어 독해와 작문				4	A(527)	1
사회(역사/ 도덕 포함)	사회	2	A(529)	3	2	A(527)	3
사회(역사/ 도덕 포함)	동아시아사	3	A(529)	3	3	B(527)	3
과학	과학	3	A(529)	1	3	A(527)	2
과학	물리I	2	A(529)	1	2	A(527)	1

이 학생 역시 한양대 공대에 지원했다. 내신도 더 좋았고, 3년 내내(특히 2학년에서 3학년 올라갈 때) 내신 성적이 올랐다. 1년이 넘는 기간 동안 컨설팅을 받으며 내신을 올리고자 노력하는 모습에 학교 선생님이 감동했을 정도니, 엄청난 노력파에 해당하는 학생이다. 그러나 이 학생은 한양대에 불합격한다. 세부능력 및 특기사항을 함께 읽어보며 왜 떨어졌는지 생각해보자.

| 사례 3-8 |

세부능력 및 특기사항
(1학기)물리Ⅰ : 반도체 소자인 다이오드, LED, 트랜지스터의 작동원리를 잘 이해하고, 실생활에서 이용하는 영상매체마다 작동원리가 차이 난다는 점을 탐색하면서 탐구정신을 키워감. (2학기)물리Ⅰ : 교류 회로 중 축전기와 코일의 활용에 관심도가 높아 실생활에서 이용되는 영상매체의 원리에 대한 질문을 자주 함. 학습 활동에서 LC회로와 안테나를 이용한 전자기파의 송신과 수신 장치에 관련된 방송통신 원리를 스스로 찾아보고, 내용을 짜임새 있게 정리해 의견을 제시하는 자세가 돋보였으며, 이를 적용해보려는 탐구정신과 학습에 대한 열정이 높음.

우선 물리Ⅰ만 선택하고 물리Ⅱ는 선택하지 않았다. 비록 내신이 올랐지만, 물리나 공대에 대한 열망이 합격한 다른 학생에 비해 낮다고 평가됐을 것이다. 그리고 물리에서도 두드러지는 평가 내용이 없다. 그냥 열심히 공부만 한 결과다. 만약에 3학년이 되기 전으로 돌아가서 이 친구를 컨설팅

할 수 있다면 방과후학교 제도를 적극적으로 활용해 물리Ⅱ를 학습하거나 세미나를 통해 물리 과목에 대한 높은 관심과 열정을 더 많이 어필할 수 있도록, 그리고 그런 관심 덕에 물리 내신과 더불어 다른 내신도 오를 수 있었다는 메시지를 전달해 주려 했을 것이다(이에 대해서는 파트 3[158P]에서 세부능력 및 특기사항을 설명하면서 더 자세히 다루도록 하겠다).

정리해보자. 아이의 내신이 낮다면, 우선 낮은 내신을 인정하고, 앞으로도 낮을 것이라고 예상하면서 대책을 세워야 한다. 그리고 그 대책은 '어떻게 내신을 높일까'처럼 숫자에 머물지 말고 '어떤 모습을 보여주면서 내신을 올릴 것인가'처럼 학생의 자질과 내용을 같이 고민한 후 세워야 한다. 어떤 내용을 보여주어야 하는지는 파트 2에서 학생부 활동별 가이드를 제공했으니 다양한 사례와 함께 참고하면 좋을 것이다.

5

1학년을 위한
수상 경력 관리법

    수상은 이제 다다익선일 필요가 없다. 이제 비교과 활동, 학업의 우수성을 보여주기 가장 용이한 요소가 수상과 동아리밖에 남지 않았지만, 수상의 개수가 제한됐기 때문이다. 따라서 5~6개의 수상을 확보하는 것이 1차적 과제이며, 그보다도 이제 대회에서 무엇을 했는지, 그래서 무엇을 배웠는지에 더 많은 관심을 둬야 한다.

    그런데 다양한 관심을 보여줄 수 있는 방법이 수상만 있는 것은 아니다. 대회에 나간 사실 자체만으로도 학생이 이미 자신의 관심사를 표출했다는 것을 알 수 있다(그런 점에서 수상 경력이 존재해야만 대회 기록을 학생부에 남길 수 있다는 사실이 다소 아쉽다). 논문 읽기 대회에 나간 학생이나 나가서 상을 받은 학생이나, (물론 상을 받은 학생이 조금 더 학업 능력이 뛰어날 것으로 추측

하는 편이 합리적이지만) 둘 다 논문을 읽고 요약하는 활동에 관심을 표시했다는 사실만은 동일하다.

사실 수상 개수 자체는 개정 전에도 크게 중요하지 않았다. 즉, 상의 개수에 집착할 필요가 없었다. 평가자 입장에서 '역량'을 확인할 때 상의 개수는 큰 의미가 없기 때문이다. 특히 이제 5~6개의 수상 경력만으로 학생을 평가해야 하는 만큼, 상의 개수 자체는 더더욱 평가자의 관심사가 될 수 없다. 결국 평가자는 개수가 아니라, 수상 내용에 집중할 수밖에 없다. 3~4등급대의 아이는 수상 경험 자체가 적을 것이기 때문에 결국 대회에 참여하고, '시도'해본 경험이 학생의 다양성을 평가하는 자료가 된다. 실제로 서울대에서 나온 '학생부 정보의 재구조화'라는 학생부종합전형 연구 논문에 이런 말이 쓰여 있다.

"그런데 학생은 수상을 통해서도 변화될 수 있으며, 그렇게 변화되는 모습을 교사가 관찰하고 기록할 수 있어야 한다. 하지만 현재의 '학생부 기재 요령'은 이를 금지하고 있다. 수상은 단순히 수상 결과만이 아니라 상을 받기까지 혹은 상을 받지 못하더라도 학생이 노력한 과정이 성장의 기록으로 학생부에 남아 있어야 의미가 있다. 그래야 학생의 노력이 대학으로부터 평가받는다. 그리고 수상을 위해 준비했던 과정이 수상 이후에 학업 활동으로 계속 이어진다면 학생을 이해할 수 있는 유용한 정보가 될 수 있다. 학생의 학업 능력과 발전가능성을 볼 수 있기 때문이다."

즉, 대학은 수상 자체보다 그 경험과 시도를 평가하고 싶어 한다는 의미다. 파트 2에서 자세히 다루었지만, 한 발 더 나아가면 현행 학생부에는 수상 과정이나 수상하지 못한 대회에 대한 언급이 없으므로, 자기소개서 같은 다른 문서로 보완해주어야 한다는 이야기가 된다. 결국 수상 개수보다는 '많은 대회 참여'가 더 중요하다고 말할 수 있다. 그렇기 때문에 1학년 때는 일단 다양한 대회에 (수상을 하든 못하든, 수상하더라도 이를 나중에 제출하든 제출하지 않든) 참여해보기를 권한다.

2학년을 위한
가이드

1학년이 진로를 탐색하는 다양한 활동을 하면서 경험을 쌓는 시기라면, 혹은 적어도 자신의 관심 분야를 알아내는 '탐색기'라면 2학년은 이제 본격적으로 구체적인 활동을 통해 자신의 진로를 개척해나가는 '구체화기'라 할 수 있다. 그렇기 때문에 2학년 시기에 이런 생각이 가장 먼저 든다.

"이제 대충 학교가 어떻게 돌아가는지는 알겠는데…… 그래서 이제 내가 뭘 어떻게 해야 하지?"

2학년이야말로 학생이 본격적인 '행동'에 돌입하는 시기라고 할 수 있다. 하지만 1학년 학교생활기록부와 2학년 학교생활기록부를 평가하는 방법이 달라지는 것은 결코 아니다. 기본적으로 학생에게 요구되는 태도의 대원칙은 여전하다. 1학년과 달리 훨씬 더 적극적으로 자신의 학교생활을 개척할 수 있게 된 2학년 시기야말로 그 대원칙을 본격적으로 마음에 새길 때다. 대원칙이란 바로 학교생활에 충실하면서 계속해서 적극적인 삶을 살아가는 것이다.

하지만 막연한 조급함은 도움이 되지 않는다. 2학년은 1학년에 비해 조금 더 뚜렷한 목적과 계획을 가지고 활동을 이어나가는 것이 바람직하다. 따라서 이번 파트에서는 2학년 학생들이 대부분 고민할 주제에 대한 해결책과 함께, 어떻게 뚜렷한 계획을 세워서 더 구체적인 활동과 모습을 학생부에 담을 수 있는지 알아볼 것이다.

다른 학년도 마찬가지지만, 특히 2학년은 활동의 질과 양에서 가장 중요한 시기인 만큼 반드시 파트 2 '활동별 가이드' 편을 참고하여 활동을 이어나가길 추천한다.

① 심화와 발전, 그리고 구체화란?

    1학년에서 2학년이 되면 변화를 겪는다. 새로운 담임선생님, 새로운 후배, 새로운 반이 생긴다. 그리고 근본적으로 교육 과정의 틀이 변한다. 본격적으로 '2학년을 위한 가이드'를 다루기 전에 이런 근본적인 변화를 잠시 살펴보고 가는 편이 좋겠다. 다만 모든 과목을 다룰 수는 없는 노릇이니 주요 과목 중 하나이며 동시에 학습의 기본적인 토대가 되는 '국어'를 가지고 그 변화를 확인해보자.

    연세대학교 학교활동우수자전형에 최종 합격한 학생의 '교과학습발달상황' 중 1학년 교과 내신을 보자. 보면 알겠지만 실로 탁월한 내신이다. 괜히 자신의 성적표와 비교해서 상처를 남기지 않도록 하자. 강조돼 있는 '국어'에만 집중해보자. '국어' 과목은 국어 교과의 가장

| 사례 3-9 | 교과학습발달상황 – 1학년

교과	과목	1학기			2학기		
		단위수	원점수/과목평균	석차등급	단위수	원점수/과목평균	석차등급
국어	국어	4	93/73.1	1(468)	5	95/70.2	1(463)
수학	수학	5	89/65.4	2(468)	4	87/55.9	2(463)
영어	실용영어Ⅰ	5	92/65.2	2(468)			
영어	실용영어Ⅱ				5	98/66.7	1(463)
사회(역사/도덕 포함)	사회	3	96/74.4	1(468)	3	94/71.3	1(463)

기초적인 6과목으로서 국어 사용에 필요한 다양한 기본 영역을 다루는데 이는 '듣기·말하기(화법), 읽기(독서), 쓰기(작문), 문법, 문학'과 같은 세부 영역들로 다시 나뉜다.

| 사례 3-10 | 교과학습발달상황 – 2학년

교과	과목	1학기			2학기		
		단위수	원점수/과목평균	석차등급	단위수	원점수/과목평균	석차등급
국어	독서와문법Ⅰ	6	98/65.87	1(328)			
국어	문학Ⅰ				6	97/67.3	1(320)
수학	수학Ⅰ	5	95/53.9	1(328)			
수학	미적분과통계기본				5	97/55.9	1(463)
영어	영어Ⅰ	6	97/64.7	1(328)			

이번에는 [사례 3-10]에서 같은 학생의 2학년 교과 내신을 보자. 교과 내신 성적 자체도 향상되었지만 지금은 숫자 대신 '과목'에 집중하자. 이번에는 국어 과목으로 '국어' 대신 '독서와문법I'과 '문학I'을 선택했다. '독서와문법I'은 이름에서 느껴지다시피 국어 과목 중에서 '읽기', '문법' 영역을 전문적으로 심화·발전시킨 과목이다. 즉, 2학년이 되면 1학년에 비해 더 구체적이고 심화된 과목을 학습하게 된다는 뜻이다. 많은 학생들이 1학년 때 배우는 과목과 2학년 때 배우는 과목들이 단순히 '다르다'는 생각만 하지 이렇게 '심화·발전'되었다는 생각까지는 하지 못한다. 하지만 이런 변화를 '인식'하는 것은 매우 중요하다. 이를 인식할 경우 2학년이 되었을 때 필요한 자신의 학습 태도(앞으로 학습 태도라는 표현이 자주 등장할 텐데 이를 단순히 책상에 앉아서 공부하는 태도로 생각하면 매우 곤란하다. 여기서 말하는 학습 태도는 모든 형태의 학교생활에 임하는 총체적인 태도 정도로 이해하도록 하자) 또한 훨씬 더 수월하게 확정할 수 있기 때문이다. 즉, 2학년에게 필요한 학습 태도는 교과목의 심화·발전과 맥을 같이 하는 '심화·발전된 태도'라 할 수 있다.

그렇다면 '심화·발전된 태도'란 무엇일까? 많은 학생들이 '심화·발전'의 사전적 의미에 집중해 단순히 1학년에 비해 더 어렵고 복잡한 활동을 하는 편이 좋다고 생각하는 경향이 있는데 이는 전후 관계가 뒤집힌 결과론적 발상에 불과하다. 쉽게 말해서 2학년에 적합한 태도를 취하다 보면 어렵고 복잡한 활동을 하게 되는 경우가 많을 뿐이지 단순히 무조건 어렵고 복잡한 활동을 하면 도움이 된다는 판단은 옳지 않다는 소리다.

앞에서 말했다시피 1학년은 고등학교라는 새로운 환경에 적응하는 시기다. 새로운 학교, 새로운 학급, 새로운 시스템(교과 평가 시스템, 비교과 활동 시스템 등)에 적응하는 데에 상당히 많은 시간과 에너지를 소모한다. 그 과정에서 여러 활동을 어떻게든 해보지만 대부분 '학교' 활동을 체험하는 데에 그칠 뿐 그 안에서 '학생'의 본모습을 찾기는 힘들다.

따라서 1학년 시기는 여러 가지 활동들을 하면서 학생이 하고 싶은 것, 잘할 수 있는 것을 '탐색'하는 시기, 즉 '맛보기'에 더 가깝다. 1학년 시기에 이미 자신의 진로와 목표 전공을 확고하게 정하고 이에 맞춰 학교생활을 적극적으로 차곡차곡 해내는 학생도 있지만 이 또한 피상적인 활동에 머무는 경우가 많다(애초에 그런 경우 자체가 매우 드물다). 그래서 2학년은 이제 정말 '탐색'을 마무리함과 동시에 자신이 원하는 모습을 '구체화'해나가는 시기, 다시 말해 '구체화기'라고 정의할 수 있다. 즉, 피상적이던 활동을 구체화하는 것, 그것이 심화·발전한 태도다.

2

수업 안에서
존재감을 드러내라

세부능력과 특기사항에서 드러내기

바람직한 학생이란 무엇일까? 학교 선생님의 말을 모두 잘 받아 적는 학생? 내신 성적이 좋은 학생? 필자가 생각하기에 바람직한 학생은 수업에 '능동적'으로 참여하는 학생이다. 학생들의 다양성과 창의성을 촉진하고 적극성을 길러주려면 조별 토론 활동, 발표 활동과 같은 학생 위주의 능동적·자기주도적 수업이 이루어져야 한다는 사실은 모두 충분히 알고 있다. 이는 뒤에서 더 자세히 다루겠지만 2015 개정 교육과정에서도 분명히 강조하고 있고 동시에 권장하고 있는 사안이기도 하다. 하지만 여러 가지 현실적인 문제(상대평가 체제에서 평가하는 어려움 등) 때문에 여전히 학교 수업은 수동적으로(쉽게 말해 지식 전달 위주의 주입식 수업) 이루어지는 경우가 많다. 그렇다면 학교 수업을 학생 위주로 운영하는 일부 학교를 제외하고는 학생이 '자기주도성'을 수업에서 드러낼 수 없는 것일까? 결론부터 말하면 충분히 가능하다.

| 사례 3-11 |

> 물리Ⅱ: …… 특히 앞으로 자신이 전공하고자 하는 음향학에 대해 알려고 물리 공부에 더욱 열심이며 …… 자신이 관심 있는 분야인 음향에 관련해 적극적으로 질문하며 정보를 알아보고자 노력하는 모습을 보고 조금이나마 도움을 주고 싶어서 오디오 앰프와 스피커의 성향을 주제로 대화했고 오디오 관련 서적을 권해주기도 했음.

'음악공학자'를 목표로 삼고 서울대학교 일반전형(학생부종합전형)에 합격한 학생의 학교생활기록부 중 '교과학습발달상황' 2학년 '세부능력 및 특기사항' 내용이다. 학생의 관심 분야를 관련 과목으로까지 연결시킨 아주 좋은 사례다.

학생부를 전문적으로 평가하는 입학사정관이 아니더라도 해당 자료를 보면 학생이 음향학과 이와 관련된 오디오, 스피커에 많은 관심이 있으며, 그와 관련된 물리Ⅱ를 통해 호기심과 열정을 드러내고 있음을 충분히 느낄 수 있다. 즉, 이 학생은 물리Ⅱ 수업을 수동적으로 받아들이기만 하지 않고 그 안에서 자신의 관심사인 음향과의 접점을 발견해 이를 담당 선생님과 능동적, 적극적으로 소통했다. 학교 수업 시간을 지식을 쌓는 시간으로만 생각하지 말고 이렇게 자신의 관심 분야와 적극적, 능동적으로 연결시킬 수 있어야 한다.

하지만 말로는 잘 느껴지지 않을 테니 아예 학교 수업 속에서 능동적으로 행동한 좋은 사례를 하나 더 확인해보자.

| 사례 3-12 |

세부능력 및 특기사항 中
화학Ⅱ: 수업에 열심히 참여하는 학생으로서 열정적인 태도를 보임. 특히 교과서에 나오는 총괄성을 궁금해했는데 교과서에 예시가 너무 적어 총괄성을 조사하게 되었다고 함. (…)

| 사례 3-13 |

자기소개서 中
화학Ⅱ는 심화 과목인 만큼 가장 큰 도전이었습니다. …… 이때 총괄성과 관련된 교과서 속 예시들이 적다고 느꼈습니다. 이전에는 단순히 개념을 이해하는 데에 급급했다면 이번에는 이 부족한 예시를 제 손으로 채워보기로 했습니다. 화학 선생님의 도움을 받아 총괄성과 관련된, 교과서에 등장하지 않는 실생활 속 예시를 직접 찾아 실험했습니다. 이런 학문적 깨달음을 모두와 나눌 때 진정 가치가 있다고 생각해 …… 화학Ⅱ의 총괄성과 관련된 실생활 예시를 수업 시간에 발표함으로써 모두와 나눴습니다. 이 과정에서 연구자로서의 보람을 간접적으로나마 느낄 수 있었고 나중에 과학을 통해 모두에게 긍정적인 영향을 끼치겠다는 다짐을 하게 됐습니다.

이 사례들은 아주대학교 아주ACE전형에 합격한 학생의 학교생활기록부 중 '교과학습발달상황' 3학년 '세부능력 및 특기사항'과 실제 자기소개서 중 일부다. 이 학생을 상담할 당시 "학교 수업 중 가장 기억에 남는 순간이 언제였니?"라고 묻자(저자는 상담할 때 항상 이 질문을 한다. 그만큼 교과 수업과 관련된 경험이 중요하기 때문이다) 화학Ⅱ 과목과 관련된 수업 경험을 가장 먼저 이야기했다. 그만큼 학생에게 인상적이었다는 소리다.

이 학생은 화학Ⅱ 수업이 심화 과목인 만큼 그 내용을 이해하기가 힘들었지만 그때마다 교과서에 등장하는 다양한 예시를 통해 이해하려고 노력했다고 한다. 그런데 '총괄성'은 실생활과 많이 닿아 있는 개념임에도 교과서에 그 예시가 적다고 느꼈다. 그래서 해당 교과 선생님에게 도움을 청했고 교과서에 등장하지 않는 다른 '총괄성' 예시를 찾아보고 이를 확인하고자 직접 실험까지 해보게 되었단다. 이 또한 학교 수업 속에서 보여줄 수 있는 '능동적' 태도에 대한 좋은 사례다.

이 학생은 거기서 그치지 않고 자신이 깨달은 내용을 정리해 수업 시간에 친구들 앞에서 발표하기도 했다. 이 또한 매우 긍정적으로 평가받을 수 있는 '능동적' 태도다.

교과 내신에서 드러내기

지금까지 '세부능력 및 특기사항'을 주로 살펴봤다면 이번에는 '교과 내신'을 잠깐 이야기해보자. 물론 '세부능력 및 특기사항'으로 해당 교과 수업 속에서 학생이 구체적·개별적 모습을 보이는지 확인할 수 있는 만큼, 학생부종합전형의 취지를 고려했을 때 '세부능력 및 특기사항'이 '교과 내신'보다 훨씬 더 중요한 기록이기는 하지만 그렇다고 '교과 내신'이 중요하지 않은 것은 아니다. 오히려 지금과 같은 상대평가 체제라면 '교과 내신'은 여전히 매우 중요한 평가 요소다. 따라서 이를 어떻게 적절하게 잘 활용할 수 있느냐도 고려해야 한다.

| 사례 3-14 | 교과학습발달상황 – 2학년

교과	과목	1학기			2학기		
		단위수	원점수/ 과목평균	석차 등급	단위수	원점수/ 과목평균	석차 등급
과학	화학Ⅰ	2	82/75.5	4(32)	5	77/67	4(31)
과학	생명과학Ⅰ	5	90/66.9	2(252)			
기술-가정/ 제2외국어/ 한문/교양	정보	3	83/85.5	6(252)	4	62/68.1 (11.4)	2(463)
외국어에 관한 교과	중국어독해				4	74/82.5 (15.4)	6(98)
외국어에 관한 교과	중국어문화	2	53/63.1	6(97)	3	49/62.6	6(98)

사례는 한양대학교에 학생부종합전형으로 최종 합격한 학생의 2학년 교과 내신이다. 앞에서 말했다시피 2학년이 되면 더 구체적이고 심화된 과목을 배우게 된다. 따라서 자신의 관심 분야와 직접적으로 연결된 과목들을 배울 가능성이 매우 높아진다. 그리고 관심 분야가 뚜렷하다면 해당 과목에 특히 충실해야 한다(정말 특정 분야에 관심이 있다면 그와 관련된 과목에 다

른 과목보다 더 많은 시간을 투자하고 더 좋은 성과를 얻는 것은 자연스러운 현상이다).

자료를 보면 이 학생은 '생명과학'과 관련된 진로(생물학자)를 생각하고 있었고 실제로 받은 성적도 '생명과학Ⅰ'이 2등급이다. 즉, 상대적으로 더 나은 결과를 얻었음을 확인할 수 있다(물론 한양대학교는 내신을 블라인드해 평가한다. 그와 별개로 지금 이 학생의 성적을 참고해 보자는 소리다).

물론 최선은 모든 학년, 모든 과목에서 높은 내신 성적을 얻는 것이지만 이는 지나치게 이상적인 소리에 불과함을 학생들 스스로 잘 알고 있다. 지금과 같은 상대평가 체제에서는 내신이 좋은 학생이 극소수고 비교적 안 좋은 학생들이 다수라는 것이 현실이다. 따라서 현실을 고려해 자신의 관심 분야와 관련된 과목에 더 신경 쓰는 편이 자연스러운 전략이다.

"그러면 관심 분야와 관련된 과목에서 내신이 하락하거나 다른 과목에 비해 못하면 저는 끝난 건가요?"라고 성급히 결론 내리지는 말자. 그런 문제를 마주할수록 능동적으로 대처할 필요가 있다. 이미 받은 내신 성적을 되돌릴 수는 없지만 이를 극복하려는 노력은 충분히 할 수 있다. 해당 과목과 관련된 보충 특강 듣기, 방과후학교 수업에 참여하기 등 학교생활에서 충분히 노력한다면 어느 정도 해명이 가능하니 미리 좌절하지 말자. 학생부종합전형은 결국 3년 내내 준비하는 과정이다. 길고 지루한 경주이기도 하지만 바꿔 생각하면 3년 동안의 '과정'을 평가하기 때문에 한 번 넘어지더라도 다시 일어나서 뒤집을 여지가 있는 경주이기도 한 셈이다.

3

비교과에서 성공하는
전략 두 가지

　　지금까지 교과 영역을 중심으로 살펴봤다면 이번에는 비교과 영역을 중심으로 살펴보자. 다만 '비교과'가 익숙한 용어라서 이렇게 말하지만 '교과'와 구분하지 말고 연계해야 한다. 즉, 동아리 활동이라도 교과 수업과 연결되면 더욱 좋다. 그런 의미에서 요즘에는 '교과 연계 활동'이라는 말을 현장에서는 더 많이 쓰고 있다. 이 정도는 기본으로 기억해두는 것이 좋겠다.

　　이제 1학년(탐색기)을 거쳐 2학년(구체화기)이 된 시점에서 비교과 활동을 어떻게 '구체화'시킬 수 있는지 전략을 크게 두 가지로 정리해보겠다. 물론 이 두 전략 중 어떤 전략이 더 좋다고 단정 지을 수는 없고 다른 새로운 전략이 있을 수도 있다. 다만 가장 쉽게 출발할 수 있는 전략들이니 충분히 이해하고 활용하도록 하자.

1학년 때 취하기에 가장 안전한 전략은 앞에서 말했다시피 최대한 다양한 활동에 참여하기다. 이는 직접적이든 간접적이든 구체적인 진로, 관심 분야를 정하는 데에 매우 큰 도움이 된다. 설사 관심 분야를 정하지 못하더라도 다양한 경험을 해봤다는 사실 자체만으로도 의미가 있다. 하지만 이제 자신만의 진로를 구체적으로 발전시켜야 하는 2학년이다. 비교과 활동을 대하는 근본적인 전략 변화가 필요하다.

내적 구체화 전략

첫 번째로 살펴볼 전략은 '내적 구체화'다. 느낌이 잘 오지 않는다면 예시를 살펴보도록 하자.

| 사례 3-15 |

학년	봉사 활동 실적				
	일자 또는 기간	장소 또는 주관기관명	활동내용	시간	누계 시간
1	20○○.11.01	(개인)○○노인복지요양원	노인케어, 말벗, 안마, 식사케어	2	36

이 학생은 앞에서 살펴본, '음악공학자'라는 목표를 세우고 서울대학교 일반전형(학생부종합전형)에 합격한 학생이다. 이번에는 1학년 봉사 활동을 살펴보자. '○○노인복지요양원'에서 학생들 대부분이 하는 일반적인 봉사

활동을 진행했음을 알 수 있다.

| 사례 3-16 |

학년	봉사 활동 실적				
	일자 또는 기간	장소 또는 주관기관명	활동내용	시간	누계 시간
2	20○○.09.14	(개인)○○노인복지 요양원	음악 공연을 통한 정서 지원	3	23

　이번 사례는 2학년 '봉사활동실적'이다. 똑같이 '○○노인복지요양원'에서 진행한 봉사 활동임에도 불구하고 이번에는 그 내용이 '음악 공연을 통한 정서 지원'으로 바뀌었다. 즉, 같은 '봉사 활동'이지만 1학년 때와 달리 훨씬 더 자신의 진로(음악공학자)와 관련된 구체적인 활동으로 변모했다. 이제 감이 잡히는가? '내적 구체화'란 이렇게 '같은 활동' 안에서 관심 분야, 진로 목표와 관련된 '구체적인 모습'을 보여주는 것이다. 가장 직관적이면서도 적은 노력으로 가능한 전략이다.

외적 확장적 구체화 전략

　이전 사례를 통해 살펴본 '내적 구체화'만이 유일한 전략은 당연히 아니다. 즉, 1학년 시기에 하던 활동만 2학년 때 할 수 있는 게 아니다. 새로운 활동으로 자신의 관심 분야와 관련된 모습을 보여줄 수도 있다. 하지만 경제학과를 지망한다고 반드시 경제학 동아리에 들어가야 하는 것도 아니고 수학과를 지망한다고 반드시 수학 동아리 활동을 해야 하는 것도 아니다. 이는 매우 편협한 생각이다.

동아리로 예를 들어 보자. 자신의 관심 분야와 닿아 있는 동아리 활동을 시작하려 할 때 '동아리명'은 사실 크게 중요하지 않다. 그보다 내가 실현하고자 하는 가치와 닿아 있는 '어떤 것'을 그 동아리에서 실현해낼 수 있는지가 더 중요하다.

예를 들어 법학도가 되고 싶은 학생이 있다고 해보자. 이 학생이 꼭 법학과 관련된 동아리에 가입할 필요는 없다(법학과 관련된 동아리가 흔하지 않기도 하다). 그 이전에 구체적인 진로 목표가 무엇인지 생각해보자. 그리고 그 가치를 잘 보여줄 수 있는 '활동'이 무엇인지 고려하자. 예를 들어 내 진로 목표가 '약자의 목소리를 대변할 수 있는 변호인'이라면(이렇게 문장 형태로 구체화될 수 있는 진로가 좋은 진로다) 이를 가장 잘 표현할 수 있는 활동을 생각해보자는 뜻이다.

당연히 어떤 '활동'을 하면 된다는 정해진 답은 없다. 일단 학교에 있는 다양한 동아리에서 어떤 활동이 가능한지 생각하고 살펴보자. 예를 들어 '모의 유엔 토론 동아리'가 있다면 그 안에서 국제 질서 속에서 소외되는 약소국을 대변하는 역할을 수행할 수도 있다. 또 '신문 동아리'가 있다면 학교 안에 존재하는 다양한 형태의 소외된 목소리를 대변하는 코너를 진행할 수도 있다. 이렇게 가능성은 무궁무진하다. 자신의 관심 분야와 진로 목표를 정했다면 새로운 활동을 만들어나가는 적극적인 개척 활동, 개념화하자면 '외적 확장적 구체화'에 도전해보길 바란다. 마지막으로 정리하며 확실히 이해해보자.

외적 확장적 구체화 전략

1. '동아리명'을 기반으로 동아리를 선택하지 않는다.

2. '구체적인' 진로 목표 혹은 관심 분야를 충분히 고려해라.

3. 진로나 관심 분야와 관련된 구체적인 활동이 그 안에서 가능할지 따져본다.

4. 위의 1번에서 3번까지의 과정을 토대로 동아리를 선택한다.

5. 썩 마음에 드는 동아리가 없다면 '자율동아리'와 같은 제도를 활용하는 것도 좋은 방법이다.

4

2학년을 관통해야 할 태도, 학교 충실성

학생들은 보통 2학년에 올라가면서부터 학생부종합전형에 본격적으로 관심을 보이기 시작한다. 1학년은 말 그대로 학교생활에 적응하기 급급한 때라 정신 차려 보면 끝나버리기 마련이다. 말이 '탐색기'지 실상 '적응기'라 불러도 무방하다. 2학년을 지나 3학년이 되면 수능 준비 등에 시간을 많이 뺏길 수밖에 없으니(실제로 3학년이 되면 동아리 활동을 금지하는 학교도 여전히 매우 많은 편이다) 사실 2학년이야말로 학교생활에만 충실할 수 있는 거의 유일한 시기라고 할 수 있다. 그래서 2학년이 되기 전에 '학교생활'이 무엇인지, 학교생활을 '충실히' 한다는 것이 어떤 의미인지 분명히 알아볼 필요가 있다.

학생부종합전형에서 평가하고자 하는 '학교생활'은 단순한 교과 내신 성적보다 훨씬 더 넓은 범주의 개념이다. 상상해보자. 집을 떠나 학교까지 가는 등굣길, 학교 정문 앞에서 하는 선도부 활동, 아침 조례 시간, 모든 수업 시간, 수업과 수업 사이의 짧은 쉬는 시간, 방과후학교 시간, 동아리 활동, 봉사 활동, 학생회 활동, 학교 주관의 특강 혹은 프로그램 등등 이 모든 경험이 '학교생활'에 포함된다는 점을 반드시 의식해야 한다. 이 모든 경험이 의미 있는 평가 대상이 될 수 있기 때문이다.

따라서 학생부종합전형이 추구하는 인재상에 도달하려면 결국 매 순간의 학교생활에 충실해야 한다. 말했다시피 1학년 시기는 막 고등학교 생활을 시작하는 입장인 만큼 그러기 힘들지만(물론 1학년 때도 충실히 해왔다면 더할 나위 없이 좋은 일이겠지만), 2학년이 된 순간부터는 본격적으로 모든 학교생활에 충실할 수 있어야 한다. 그러면 충실한 학교생활이 무엇이냐고? 지금부터 알아보자.

매 순간을 능동적으로 고민하고 이를 능동적인 행동으로 발전시켜라

핵심은 앞에서도 언급한 '능동성'이다. 앞에서는 이 개념을 언급만 하고 넘어갔지만 이번에 세세하게 따져보자. 학생부종합전형에서 바라는 가장 중요한 인재상이 바로 이 '능동적 인재'다. 이는 '학생 스스로 주체가 돼 문제 상황을 인식, 해결하는 인재'로 정의할 수 있다. 학생들 대부분 학교생활을 무기력하게 수동적으로 보낸다. 기분 나쁘게 들려도 어쩔 수 없다. 사실이 그러하다.

학교생활을 하다 보면 필연적으로 여러 문제를 마주하게 된다. 예를 들어 수학 내신이 하락했다든지, 수업 중 선생님의 말씀에 이해가 안 가는 부분이 생겼다든지, 친구와 싸웠다든지, 하고 싶은 활동이 있는데 여건이 갖추어져 있지 않다든지…… 사실 학교생활은 문제의 연속이라 해도 과언이 아니다.

하지만 정작 그 문제 상황을 마주한 학생들 대부분 이를 문제 상황으로 인식하지도 못하고(능동적으로 고민하지 못하고), 이를 인식하더라도 자신이 해결하려고 하지 않는다(능동적인 행동으로 발전시키지도 않는다). 사실 학교생활을 하면서 문제 상황을 능동적으로 인식하고 어떻게 해결할지 고민하고, 직접 해결하려 나선다면 학교생활기록부와 자기소개서는 그 자체만으로 풍부해진다. 실제로 눈에 띄는 합격생이지만 학생부종합전형 그 자체에 대한 이해도가 매우 낮은 학생도 많다. "그냥 열심히 학교생활을 하다 보니까 기록은 알아서 만들어지던걸요?" 이런 말이 괜히 나오는 게 아니다.

학교생활 속에서의 '능동성'이 어떤 의미인지 감이 좀 잡혔다면 이제 구체적인 예시로 확인해보자. '능동성'을 보여줄 수 있는 가장 대표적인 활동이 파트 3에서도 다룰 '교과 활동'이다(대표적인 활동이라는 뜻이지 이를 통해서만 '능동성'을 보여줄 수 있다는 뜻은 물론 아니다). 2015 개정 교육과정이 발표되면서 교사 위주의 수동적 학습에서 학생 위주의 능동적 학습으로 수업의 대전환이 요구되고 있기 때문에 특히 토론 활동, 발표 활동 등 수업 안에서의 학생들의 능동적인 활동 모습, 즉 교과 활동이 핵심적인 평가 대상으로 대두되기 시작했다. 사례를 통해 살펴보도록 하자.

| 사례 3-17 |

세부능력 및 특기사항
물리 I : … 청색 LED의 작동방법, 장점, 전망 등에 대해 PPT를 만들어 발표함.

기록 자체는 별 내용이 없다. 기록 자체로만 평가하자면 좋은 기록이라 할 수도 없다. 그러니 이야기를 좀 더 세부적으로 들여다보자. 위 학생은 고등학교 1학년 물리I 수업 시간 도중 선생님이 지나가는 이야기로 '청색 LED'로 노벨과학상을 수상한 사람 이야기를 들려주셨는데, 그 이야기를 들으니 'LED가 청색만 있는 것도 아니고, 적색, 녹색 LED도 있는데 왜 청색 LED만 노벨과학상을 탔을까?' 하는 고민을 하게 되었다고 한다(이것이 바로 문제 상황의 인식 및 능동적 고민이다! 이런 태도가 매우 중요하다). 그래서 수업이 끝난 후 선생님에게 찾아가서 물어도 보고, 인터넷으로 검색도 해보고 자기 나름의 답을 구했다고 한다(여기서 어떤 답을 구했는지는 크게 중요하지 않다. 답을 구하려고 능동적으로 행동했다는 사실 자체가 중요하다). 그후 자신이 깨달은 바를 PPT로 정리해 해당 과목 발표 시간에 이를 주제로 발표했다.

'교과 활동'은 결코 거창한 것이 아니다. 수업을 수동적으로 받아들이지 말고 그 안에서 능동적으로 고민하고, 구체적인 행동으로 그 고민의 결과물을 이끌어 낼 수 있다면 그 모든 것이 '교과 활동'에 해당한다. 항상 이를 의식하면서 매 수업 시간을 충실하게 보내도록 하자(교과 활동'의 또 다른 다양한 예시는 파트 2에서 확인하자).

모든 경험을 학교생활 안으로 끌어들여라

이제 두 번째 비법을 살펴보자. 사실 생각해보면 지극히 당연한 이야기다. 학교생활을 충실히 하려면 아무래도 학교생활 중에 최대한 많은 활동을 할 필요가 있다. 물론 그렇게 단순하면 이야기를 꺼내지 않았을 것이다.

학생부종합전형 평가 방식이 정착된 이후 두 가지 주요한 제도적 변화가 있었는데, 하나가 앞에서 이미 여러 번 언급한 2015 개정 교육과정 도입이라면 나머지 하나는 전형명의 변경이다. 입학사정관제가 학생부종합전형의 전신인데 많은 사람들이 전형명 변경에 많은 오해를 하고 있는 듯하다. 심지어 일부는 입학사정관제는 평가 주체를 강조한 전형명이고 학생부종합전형은 평가 대상을 강조한 전형명이라고 주장하는데…… 그게 뭐가 중요한가 싶다.

입학사정관제와 학생부종합전형 사이의 가장 큰 차이점은 바로 평가 영역의 변화에 있다. 입학사정관제 시절에는 외부 활동이든 교내 활동이든 학생의 활동이라면 모두 평가 대상으로 삼았지만 학생부종합전형으로 바뀌면서 오직 교내에서 이루어진 활동만을 평가 대상으로 삼는다. 즉, 평가 영역이 축소된 셈이다.

이렇게 평가 영역을 축소한 이유가 여럿 있지만 정작 우리에게 중요한 한 가지 이유는 '그래야 학생들을 학교생활에 충실하도록 이끌 수 있고, 또 그래야 충분히 평가할 수 있기 때문'이다. 자, 그렇다면 이런 생각을 하는 사람들이 많을 것이다. '외부 활동에서도 충분히 많은 걸 배울 수 있지 않나요?' 그에 대한 답은 이렇다.

"외부 활동에서 무언가를 배웠으면 그걸 학교생활 안에서 보여줘야 하지 않겠습니까?"

지금까지 입시와 직접 연관되지도 않은 전형명 변화를 길게 이야기한 이유는 아래 결론에 도달하기 위함이었다고 해도 과언이 아니다. 마지막으로 정리해보자.

충실한 학교생활의 비법

1. 학생부종합전형은 학교생활만 평가하는 전형이다. 따라서 모든 활동은 학교생활 속에서 이루어지도록 하자.
2. 외부 활동에서 무언가를 배우고 느꼈다면 이를 반드시 학교생활 안으로 끌어들여라.

5

2학년을 위한
'그럼에도 불구하고'

지금까지 1학년 가이드를 충분히 이행했다는 전제하에 2학년 가이드를 진행했다. 하지만 이 책을 읽는 독자 중에는 2학년이 되어서야 이 책을 접한 학생도 있을 것이고 어쩔 수 없이 이 책의 가이드를 지키지 못한 학생도 있을 것이다. 괜찮다. 그런 학생들을 위해 '그럼에도 불구하고'를 준비했다.

SOLUTION 1 | 자신만의 관심 분야와 진로 목표를 정하지 못했다면?

가장 어려운 고민일 텐데, 조언하자면 꼭 완성된 진로 목표를 세워야 하는 것은 아니다. 추상적이더라도 전혀 문제되지 않으니 걱정할 필요 없다. 또 관심 분야와 진로 목표가 나중에 바뀌어도 문제가 되지 않는다. 오히려 고등학교 3년 동안 진로가 바뀌는 일은 서울대학교 학생부종합전형 안내 책자의 표현을 빌리자면 '지극히 자연스러운 현상'이다. 이 책에서 '자신만의 관심 분야와 진로 목표를 정하라!'라고 요구하는 이유는, 자신만의 관심 분야와 진로 목표를 개척하려고 노력하고 고민하는 모든 '과정' 자체가 유의미하고 중요하기 때문이다. 노력해라. 노력하지 않는 것이 문제지 노력한 후에 유의미한 결과가 나오지 않는 것은 아무 문제 아니다. 쉽게 말해 '탐색기'가 조금 길어져서 '구체화기'가 늦어진다고 해서 돌이킬 수 없게 되는 게 아니다. 아래 결론을 몸에 새겨 두자!

관심 분야를 못 정했을 때의 행동요령

1. 1학년이 다 지났는데도 관심 분야와 진로 목표를 못 정했다? 정하려고 노력하기만 했다면 상관없다. 앞으로도 꾸준히 노력해라! 분명 피와 살이 될 거다.
2. 노력조차도 안 했다고? 지금부터라도 부디 열심히 노력해라. 남들보다 늦기는 했지만 돌이킬 수 없게 늦지는 않았다.

SOLUTION 2 | 다양한 활동 경험을 쌓지 못했다면?

다양한 활동을 해보지 못한 채 2학년까지 올라왔더라도 그렇게까지 걱정할 필요는 없다. 물론 이것저것 도전해본 경험이 있는 학생보다는 뒤처진 셈이지만 앞에서 여러 번 언급했다시피 애초에 1학년이란 정신없이 학교생활에 적응하다가 끝나는 것이다. 따라서 이 문제는 독자만의 문제라 할 수 없다. 이 문제에 부딪쳤다면 일단 잠시 멈추고 지금까지 해온 활동을 성찰해보자(단 자신만의 관심 분야와 진로 목표를 정했다는 전제 하에!).

1학년 활동 성찰하기

❶ 충분히 자율성을 갖춘 활동이었나?
❷ 관심 분야가 다양한 사람들이 함께 모인 활동이었나?
❸ 다양한 경험을 할 수 있는 활동이었나?

위 세 질문에 모두 '예'라고 답할 수 있다면 충분히 좋은 활동을 해온 셈이니 크게 걱정할 필요 없다. 지금까지 하던 대로만 하면 충분하다. 이 다음은 굳이 읽을 필요도 없다. 단, '아니오'라 답한 항목이 있다면 이를 '예'로 바꿀 수 있는 활동을 지금부터라도 시작하자.

①의 충분한 '자율성'이란 본인의 관심사를 풀어낼 수 있는 여지가 많이 있었느냐는 의미다. 예를 들어 '건축학과'를 지망하는 학생이 '신문 동아리'에서 활동한다 하더라도 그 동아리가 '자율성'을 충분히 보장해준다면 그 안에서 '세계의 건축물을 소개합니다'와 같은 기사를 작성해보는 등 자신의 관심 분야와 관련된 경험을 충분히 쌓을 수 있다.

②의 '관심 분야가 다양한 사람들이 함께 모인' 활동은 2015 개정 교육과정의 인재상을 고려했을 때 아주 중요한 요소다. 2015 개정 교육과정은

창의 융합형 인재 양성을 목표로 한다. 그런데 고등학생 한 명이 여러 분야의 지식을 충분히 쌓기란 쉽지 않다. 따라서 가장 좋은 방법은 나와 다른 관심 분야를 가지고 있는 사람과 협력하고 교류하는 것이다.

| 사례 3-18 |

창의적 체험활동상황
[○○○○2 : 자율동아리] 독서토론 동아리에서 매월 1권씩 독서 토론 활동을 했고, 공동창작 의학소설 '○○○○○○○'를 기획, 제작함. 독서 관련 다양한 체험활동을 통해 통섭 능력을 기름.

위 '의학 소설' 집필 활동은 의학 계열 지망, 철학 계열 지망 그리고 생명공학 계열 지망 학생 셋이 모여서 함께 진행한 프로젝트다. 그 과정에서 서로 의견이 충돌하기도 하고, 부족함을 메워주기도 하며, 통섭적 사고력을 키울 수 있었던 아주 좋은 사례다. 실제로 위 사례는 합격자의 자기소개서 2번에 매우 주요한 활동으로 기록됐다.

SOLUTION 3 | 저는 능동적이거나 적극적이지 못한데 어떡하죠?

실제로 많은 학생이 걱정하고 있는 부분일 텐데, 큰 부담을 가질 필요는 없다. 앞에서도 몇 번 언급했지만 이 책에서 요구하는 능동성은 그렇게까지 두드러지는, 높은 수준의 능동성이 결코 아니다. '즉 남들 앞에서 나서기를 생활화해라!' 정도의 요구가 결코 아니다(물론 그렇게 하면 참 좋겠지만⋯⋯). 다만 매 순간 순간을 고민하고 그 고민의 결과를 행동으로 구체화할 수 있어야 한다는 뜻이다. 그 '구체적인 행동'에 어떤 양상이 있는 것은 아니다. 동아리를 설립할 수도 있고 친구들과 공동으로 보고서를 작성할 수도 있다. 혹은 많이 소극적인 성격이라면 차선책으로 혼자 보고서를 작성할 수도 있다. 본인이 타고난 성격이 소극적이더라도 충분히 고민을 이어나간다면 의미 있는 활동을 할 수 있다. 이런 고민조차 못하겠다면 그것은 성격의 문제가 아니라 게으름일 뿐이다.

3학년을 위한
가이드

"한 것도 없이 벌써 3학년인데 어떡하죠?"

많은 학부모들이 공감할 만한 푸념이다. 1학년은 허둥지둥 무엇을 해야 할지 몰라서 보내고, 2학년은 내신, 수능에 치이며 보내다가, 어느새 3학년을 앞둔 마음은 착잡하기만 하다. 말 그대로 '마무리' 시기이기 때문이다.

많이 사라지기는 했지만, 많은 상위권 대학은 여전히 수능 최저 등급을 요구하고 있고, 6개 원서를 모두 학생부종합전형으로 쓰지 않고 논술까지 준비해야 하는 학생이라면 수능 최저 등급은 물론 논술까지 신경 써야 된다. 최저 등급이 없더라도 3학년 내신은 한 학기만 평가에 반영되므로 학생들을 더욱 부담스럽게 만든다.

평가자들도 이런 교육 현장의 사정을 잘 알고 있다. 그래서 3학년 때 더 활동하지 않았다고 해서 안 좋은 평가를 주지 않는다. 3학년 때, 학생부 활동을 더 할 것인가 그렇지 않을 것인가는 명확하게 답할 수 없다. 자신의 여러 가지 상황(내신, 정시 고려 여부, 논술 지원 여부, 최저 등급 유무 등)을 적절히 고려해 학생 각자가 효율적인 판단을 내리는 것이 가장 현명하다. 따라서 앞으로 활동을 해야 하는 것인지, 그만하고 다른 것에 집중해야 하는지, 활동을 한다면 어떻게 해야 하는지를 차례대로 살펴볼 것이다.

● 2022 수시 서울 대학별 고교 추천전형 수능 최저학력 기준

대학	전형명	수능 최저
서울대	지역균형선발	[인문] 국수영탐(2) 중 3개 영역 등급합 7이내 [자연] 국수(미적/기하)영과(2) 중 3개 영역 이상 2등급 이내
연세대	추천형	미적용
고려대	학교추천전형	[인문] 국수영탐(2) 중 3개 영역 등급합 5이내, 한국사 3등급 이내 [자연] 국수(미적/기하)영과(2) 중 3개 영역 등급합 6이내, 한국사 4등급 이내 [의대] 국수(미적/기하)영과(2) 4개 영역 등급합 5이내, 한국사 4등급 이내
서강대	고교장추천	[전계열] 국수영탐(1) 중 3개 영역 등급합 6이내, 한국사 4등급 이내
성균관대	학교장추천	[인문] 국수탐(2) 중 2개 등급합 5이내, 영어 3등급, 한국사 4등급 이내 [자연] 국수(미적/기하)과(2) 중 2개 등급합 5이내, 영어 3등급, 한국사 4등급
한양대	지역균형발전	미적용
중앙대	지역균형전형	[인문] 국수영탐(1) 중 3개 영역 등급합 6이내, 한국사 4등급 이내 [자연] 국수(미적/기하)영과(2) 중 3개 영역 등급합 7이내, 한국사 4등급 [약학] 국수(미적/기하)영과(1) 중 4개 영역 등급합 5이내, 한국사 4등급
경희대	고교연계전형	[인문] 국수영탐(1) 중 2개 영역 등급합 5이내, 한국사 5등급 이내 [자연] 국수영과(1) 중 2개 영역 등급합 5이내, 한국사 5등급 이내 [예체] 국영 중 1개 영역 이상 3등급 이내
한국외대	학교장추천	[서울캠] 국수영탐(1) 중 2개 영역 등급합 4이내, 한국사 4등급 이내
서울시립대	지역균형선발	[인문] 국수영탐(1) 중 3개 영역 등급합 7이내 [자연] 국수(미적/기하)영과(1) 중 3개 영역 등급합 7이내
이화여대	고교추천전형	미적용
건국대	KU지역균형	[인문] 국수영탐(1) 중 2개 등급합 5이내, 한국사 5등급 이내 [자연] 국수(미적/기하)영과(1) 중 2개 등급합 5이내, 한국사 5등급 이내 [수의] 국수(미적/기하)영과(1) 중 3개 등급합 5이내, 한국사 5등급 이내
서울교대	학교장추천	[인문] 국수영탐(2) 4개 영역의 등급합이 9이내, 한국사 4등급 또는 국수(미적/기하) 영과(2) 4개 영역의 등급합이 11이내, 한국사 4등급

① 활동, 더 해야 할까,
멈추어야 할까?

활동을 더 해볼 만한 경우

우선 학생부종합전형 외에 다른 전형을 고려하고 있지 않고, 일부 상위권 대학을 제외하고 수능 최저 기준이 많이 사라진 상태라면 수능을 공부할 이유가 상당히 적다. 수능 공부를 한다 하더라도, 8월이나 9월에 수시 접수 시즌이 되면 수시 준비에 많은 비중을 두느라 수능 공부 리듬이 깨진다. 따라서 수능 최저 기준이 없는 학생부종합전형에 지원할 계획이라면 수능에 욕심을 내기보다 차라리 활동을 더 보강해서 학생부종합전형에 대비해 역량을 더 강화하는 편이 효율적이다.

학교 분위기도 중요한 변수 중 하나다. 학교가 3학년 활동을 권장하지 않는 분위기라면, 3학년 때 활동을 하더라도 얻어가는 것이 적다. 외부활동이 평가에 반영되지 않는 현재 입시의 특성상, 학교가 동아리 활동이나 각종 교내 대회에 3학년이 참여하는 것을 제한한다면 영양가 있는 활동을 기대할 수 없기 때문이다. 3학년이 활동할 수 있는 동아리나 대회가 많이 열려 있는 학교라면 다른 학교 학생에 비해 영양가 있는 활동을 할 가능성이 높으므로 3학년이라도 활동하는 것을 고려해볼 만하다.

1, 2학년을 거치며 탐구보고서를 쓰거나 실험을 했는데, 이를 보완할 만한 부분을 스스로 알고 있다면 후속 활동, 보완 활동 등을 통해 마무리를 짓는 편이 바람직하다. 새로운 활동을 시작하기보다 부담도 훨씬 적고, 실제로도 더 높은 역량 평가를 받을 가능성이 있다.

전공 관련 과목이 3학년 때 학교에서 내신으로 개설된다면(예컨대, 기계공학과를 지원하는데 물리Ⅱ가 개설된 경우) 적극적이거나 본격적인 활동까지는 아니라도 '세부능력 및 특기사항'에 기록돼 이를 기반으로 면접이나 자기소개서에 활용할 만한 활동, 즉 간단한 발표나 보고서 작성 등을 하면 좋은 기회가 될 것이다. 점점 비교과 영역이 축소되고 있는 추세라 전공적합성을 교과 영역 이외에서 보여줄 기회가 흔하지 않기 때문이다.

과거에는 학생부종합전형에서 전공과 일치하는 활동을 했는지를 봤다면 현재는 전공을 공부할 수 있는지 그 역량을 보려 하는 흐름으로 바뀌고 있기 때문에 기존 활동을 이용해서 자기소개서를 써도 합격과 불합격에 큰 영향을 끼치지 않는다지만 희망 전공이나 진로 희망이 크게 바뀌었다면, 지원 전공에 대한 열정과 진정성을 보여준다는 의미에서 활동을 추가하는 것은 좋은 선택이다.

활동을 더 해볼 만한 경우

1. 논술이나 정시를 지원할 생각이 극히 적은 경우
   (지원 대학을 충분히 내려서 지원한 경우)
2. 학교에서 3학년 동아리 활동을 권장하는 경우
3. 탐구보고서나 실험 등 보완할 부분을 알고 있는 경우
4. 전공 관련 교과목이 3학년 때 학교 내신으로 개설된 경우
5. 진로 희망이 다소 차이 나게 바뀐 경우

활동을 멈추는 편이 나은 경우

반면, 새로운 활동을 하기보다 하던 활동을 정리하고 다른 부분에 집중하는 편이 더 좋은 경우도 있다.

우선 학생부종합전형을 그냥 한번 써보는 경우, 즉 처음부터 논술이나 정시를 바라보는 학생이라면 3학년 때 수능과 논술 관련 공부를 하는 쪽이 더 바람직하다고 본다. 특히 입시가 뜻대로 되지 않아 재수를 생각하고 학생부종합전형을 지원해보는 학생이라면, 3학년 시기에 수능공부를 하는 편이 지금 정시에 지원하든, 1년 후 재수를 하다가 정시를 지원하든 더 효율적인 전략이다.

교과전형을 함께 준비하는 학생은 비교적 비교과 활동 내용이 내신에

비해 부실하다. 이렇다면 비슷한 수준의 학교에 지원한다고 가정했을 때, 학생부종합전형보다는 학생부교과전형이 더 가능성이 높다. 교과전형은 대부분 교과 내신을 정량으로 평가해 1차 합격자를 가르기 때문에 3학년 때 활동하기보다 내신 공부에 더 집중해 최종 합격 가능성을 높이는 편이 더 좋은 방법이라고 말하는 것이다.

최저등급이 중요한 전형이라면 당연히 활동보다 수능 공부를 하는 쪽이 더 바람직하다. 대표적으로 서울대학교 지역균형 선발에서 매년 20퍼센트가량의 학생이 최저등급을 맞추지 못해 탈락한다. 그러므로 활동보다 수능최저등급이 더 결정적인 변수다. 2017학년 입시 기준으로 고려대 일반전형에서 현역생 대다수가 최저등급을 맞추지 못했다. 상당한 합격과 불합격이 최저등급 때문에 갈렸다고 할 수 있다.

또한 학교 분위기나 정책 자체가 3학년 활동에 소극적이라면 위에서 말했듯이, 영양가 있는 활동을 해나가기 어렵다. 게다가 활동은 대부분 혼자가 아니라 여러 사람이 함께해야 더 의미 있게 평가되는데, 학교가 소극적이라면 당연히 같이 활동할 학생이 적으므로 활동 내용으로 보나 후에 활동을 통해 보여줄 발전 가능성 면으로 보나 영양가 있는 활동을 진행하기 어렵다.

아주 새로운 활동을 기획한다면, 특히 혼자 기획한다면, 대부분 좋은 활동이 되기 어렵다. 실제 대학이 선호하는 활동 방향이 아닐 가능성도 매우 높으므로 활동을 기획하기보다 내신이나 수능에 더 집중하거나 방과후 학교 수업, 세부능력 및 특기사항에 기록되는 작은 보고서 작성이나 발표,

지금까지 한 활동의 보완 활동 정도가 바람직하다.

활동을 멈추는 편이 좋은 경우

1. 학생부종합전형을 그냥 써보는 경우
   (지원 대학을 내려서 쓰지 않고 지원한 경우)
2. 교과전형을 함께 준비하는 경우
3. 최저등급이 중요한 전형을 준비하는 경우
4. 학교 자체가 3학년이 활동을 하는 것에 매우 소극적인 경우
5. 아주 새로운 활동을 기획하고 있는 경우

활동을 해야 하는 경우와 활동을 하지 말아야 하는 경우를 잘 살펴보고 자신이 어떤 유형인지 판단해서 어떻게 활동을 보완할 것인지 계획을 세운다면, 고등학교 3학년, 남은 약 4개월을 더 알차게 보낼 수 있을 것이다.

2

대학들이 3학년 활동은 평가하지 않는다?

"대학들이 고3 활동은 거의 평가를 안 한다는데, 해도 될까요?"

실제로 많은 고3 학생과 학부모 사이에 이런 소문이 돌고 있어서 놀랐다. 아니 땐 굴뚝에 연기가 날 리 없듯이, 아마도 대학 설명회나 몇몇 기사에서 전달된 말들이 조금씩 와전돼 생긴 오해처럼 보인다. 아마 저런 소문은 "좋은 평가를 받으려고 3학년 때까지 무리하게 활동할 필요는 없다"는 말에서 비롯되었을 것이라 생각한다.

"어차피 대학은 고3 때 활동을 해봤자 평가하지 않는다."

이 말은 반은 맞고 반은 틀리다. 대학이 '활동을 위한 활동'을 좋게 평가하지 않는다는 말은 맞지만, 그건 활동의 개수를 채우려고 의무적으로 하는 의례적인 활동이기 때문이지, 고3 때 한 활동이기 때문은 아니다. 그럼 의례적인 활동이 무엇인지 사례를 보자.

참여가 없는 활동은 피하라

| 사례 3-19 |

3	동아리 활동	[과학부] • 전반사 실험을 무척 신기해하는 데에서 그치지 않고 실생활에서의 적용 예를 찾아보았고 후배들에게 도로 표지판이 잘 보이는 원리를 설명하는 등 알아낸 것을 적용하려 함. • 태양열 조리기를 만드는 실험을 통해 환경과 청정에너지의 필요성을 인식하고 실제 적용 예를 찾아봄. [물리탐구부 : 자율동아리] • 고등학교 물리 과정에서 매우 복잡하고 재미있는 문제들을 한두 개씩 뽑아서 모임이 있을 때마다 설명하고 토의함. • 『차원이란 무엇인가?』란 책을 읽고 '개미의 차원'을 예시로 들며 설명함.

대학에서 말하는 의미 없고 평가하지 않을 만한 활동이 바로 위의 예에서 말하는 활동 같은 것이다. 학생이 적극적으로 참여하지 않고, 이렇다 할 결과가 없거나, 느낀 점이 없는 일회적이고 단편적인 활동을 말한다. 대학들이 이런 활동을 유의미하게 평가하지 않을 것이라고 단정하는 이유는

학생들이 고3 때 수능, 내신 등에 치이면서도 이런 활동 때문에 지나친 부담을 갖는 걸 원하지 않기 때문이다. 따라서 애써 한 활동이 의미 없게 보이지 않게 하려면, 효율적인 전략을 짜야 한다.

먼저, '보충 활동'이 가능하다. 어떤 경우든 활동은 그 자체로는 의미가 없다. 활동은 활동을 시작한 계기 혹은 활동을 통해 배우고 느낀 점이 있을 때 의미가 발생한다. 그런데 3학년이 돼서 급하게 활동하다 보면 활동 자체를 수행하는 데에 매몰되는 경우가 많다. 이런 활동은 대학에서 좋은 평가를 해주지 않는다. 따라서 3학년 때 새로운 활동을 기획하다가 활동 자체에 급급해지기보다 기존 활동에 이어서 보충 차원의 활동을 하는 편이 좋다. 보충 활동은 기존 활동의 진정성을 높여주고, 활동이나 전공에 대한 관심이 고3까지 꾸준히 이어졌다는 것을 증명할 수 있는 좋은 방법이다.

보충 활동을 고려하자

| 사례 3-20 |

방과후 강좌는 탐구과정에서 본 리더십을 경험하게 해주었습니다. 평소 4대 강과 관련해 녹조 발생에 관심이 많아, 방과후 강좌를 개설해 녹조를 탐구하고 싶었습니다. 하지만 친구들의 반응이 저조했습니다. 그래서 실험 계획을 세우고 강좌의 필요성과 장점을 반마다 찾아다니며 홍보했고, 그 결과 강좌를 개설할 수 있었습니다. 3D 프린터를 이용해 녹조 증식 환경까지 구축했지만 실험 준비를 하는 동안 겨울이 오는 바람에 녹조 증식에 실패하고 종료됐습니다. 이대로 포기하기 아쉬워 3학년 때 친구들을 다시 모으려 했으나 3학년이란 이유로 아무도 참석하지 않으려 했습니다. 결국 실험계획

을 구체적으로 짜고, 파트별 업무 시간을 명확히 제시해, 부담이 없다는 것을 위주로 홍보해 다시 인원을 모아 탐구를 재개할 수 있었고, 효율적으로 짧은 시간 동안 탐구해 교내 과학탐구 발표대회에서 금상을 수상할 수 있었습니다.

이 사례는 고2 때 진행하던 실험을 고3 때 보강해 진행한 경험을 보여주는 좋은 자료다. 실제로 대학 면접관들도 이 활동에 관심을 갖고 '친구들은 어떻게 모았나요?', '고3인데 실험도 하려면 부담스럽지 않았나요?' 같은 질문을 하면서 평가했다. 전공에 관한 관심과 탐구 정신을 꾸준히 이어갔다는 점에 주목한 것이다.

| 사례 3-21 |

자기소개서 中

이러한 생각을 갖게 된 뒤 고3 학기 초에 생명과학에 대한 책을 읽고 토론을 하는 동아리에서 동아리장을 맡았습니다. 그런데 3학년이라 동아리를 부담스러워하는 친구들이 많았기 때문에 부원을 모으는 과정에서 어려움이 있었습니다. 친구들의 부담을 덜고자 동아리 시간을 활용해 독서와 토론을 하고, 시간을 효율적으로 쓸 수 있도록 각자 흥미 있는 부분을 집중적으로 읽는 발췌독을 계획했습니다. 이 계획을 듣고 생명과학에 관심 있는 친구들이 모인 덕분에 동아리를 만들 수 있었습니다.

위는 2학년 때까지 생명과학 동아리를 하다가 3학년 때는 수능 공부를 좀 더 하려고 추가적인 활동을 하는 대신 정기적으로 기사나 책을 발췌해서 읽는 활동을 이어 한 학생의 사례다. 상대적으로 실험이나 긴 보고서를 작성하는 활동에 비해 시간을 덜 빼앗기면서도 3학년 때까지 꾸준히 활동할 수 있었으며 친구들을 설득하는 리더십까지 보여주었으니 좋은 활동이다. 이 활동 역시 대학 면접에서 '어떤 책을 읽었는지', '3학년 때 활동이라 친구들이 협조를 안 하지 않았는지' 등의 질문을 받으며 긍정적으로 평가받았다.

또한 고3 때 희망하는 진로와 관련이 있는 과목이 내신 과목으로 열린다면, 그 과목을 수강하며 관련된 간단한 보고서를 쓰거나 독서를 하고 그 내용을 '세부능력 및 특기사항'에 올리는 것도 바람직하다. 그것이 불가능하다면 아래처럼 자기소개서에 간접적으로 제시하는 방법도 있다.

활동보다 결과를 만들어라

│ 사례 3-22 │

자기소개서 中
서울대 토요과학공개강좌에서 '화학과 생명의 인터페이스'라는 강연을 들었습니다. 화학과 생명과학의 융합 분야로서의 약학, 신약개발의 과정과 그 어려움에 대해 들었는데, 그중에서 가장 인상 깊었던 내용은 유기발광소자를 이용해 신약개발 비용을 줄이고 기간을 단축시킬 수 있다는 것이었습니다. 큰 감명을 받은 저는, 화학적 방법을 이용해 신약개발의 경제성 문제를 해결하는 또 다른 방법을 알아보고자 화학교과서에서 사례를 찾아보았습니다. 교과서에는 분자모델링 방법이 한 줄로 소개되어 있었고, 저는 그에 관련해서 공간에 3차원 구조의 분자를 배열하는 데 기본이 되는 VSEPR이론과 화학Ⅰ 오비탈의 심화 내용인 혼성오비탈을 탐구해 이를 '분자모델링, VSEPR이론과 혼성오비탈'이라는 탐구보고서로 작성했습니다.

이번에는 실제 보고서 내용도 한번 참고해보자. 이 학생이 어떤 생각으로 어떤 활동을 했는지 감이 잡힐 것이다.

| 사례 3-23 |

사회문화 보고서 中

3학년 사회문화 시간에 사회보장제도를 배우면서 일탈자를 규제하는 데 주로 이용되는 법의 재정비보다 정책을 통한 도움이 이 사회를 빠른 시간 내에 더 나은 곳으로 만들 수 있다는 생각이 커졌습니다. 하지만 정책 중에도 문제는 있었습니다. '부양 의무제'의 경우 복지 사각지대에 속하는 사람들이 정책의 혜택을 받을 수 없기 때문입니다. 현재 '부양의무제' 폐지 논쟁이 계속 되고 있지만, 이 사례는 정책에 따라 사람들의 삶이 바뀔 수 있음을 생생하게 알려줬습니다. 『어떠한 복지국가에서 살고 싶은가?』라는 책을 읽으면서 동시에 어떻게 지원 대상, 규모, 방식 등을 선정해야 하는지 고민했습니다.

연구 계기나 연구를 통해 느낀 점이 뚜렷하지 않은 탐구보고서를 쓰기보다 3학년 때는 위의 사례처럼 자신의 전공과 관련 있는 교과목을 정하고, 이에 대한 간단한 보고서를 써서 제출함으로써 세부능력 및 특기사항에 그 내용을 올리는 편이 더 바람직하다. 특히, 고3이라면 다양한 활동을 무리해서 하기보다 전공과 관련된 교과목을 통해 자신의 지적 호기심을 드러낼 수 있는 탐구 내용 발표, 간단한 토론, 논제 발표, 스크랩 등을 하고 이를 교과목 선생님께 전달해서 해당 활동과 지적 호기심이 세부능력 및 특기사항에 기록되도록 하는 편이 더 훌륭한 전략이다.

3

자소서 작성,
언제부터 고민해야 하나요?

필자는 대치동에서 고3으로 올라가는 겨울방학(고2 겨울방학) 시기에 맞춰 '미리쓰는 자기소개서 프로그램'을 운영하고 있다. 수강생 숫자는 많지 않은데, 조사해보면 만족도는 여러 가지 학생부종합전형 대비 프로그램 중에서 가장 높다.

"왜냐하면 자기소개서를 쓰기 가장 좋은 시기가 고2 겨울방학이기 때문이다."

그 이유는 크게 두 가지로 정리해볼 수 있다. 첫 번째로 고2까지 진행한 활동을 한번 정리해보는 시간을 가질 수 있기 때문이다. 고3이 되면 많은 학생들이 자신의 활동 목록을 정리하다가 매우 괴로워한다. 자기소개서를 쓸 때 내가 한 활동은 무엇이고, 각각 활동들을 통해 어떤 것들을 느꼈는지 각 활동의 우선순위를 정리하는 일은 매우 중요하다. 주로 필자의 수업에 오는 학생들과는 아래 양식으로 이를 정리한다.

● 자기소개서 작성을 위한 활동 목록 정리 양식

활동동류	활동명	간단한 내용 설명
수상 및 교내대회	수상한 상 혹은 수상하진 못했지만 의미 있었던 대회의 이름을 써주세요. 예) 기발한 아이디어 경진대회	수상까지의 느낀 점, 과정, 혹은 수상하지 못했지만 의미 있는 이유를 써주세요. 예) 평소에 좋은 아이디어를 메모하는 습관이 있고 이를 바탕으로 수상
동아리	동아리 이름을 써주세요.	3년 내 동일했는지, 바뀌었는지, 바뀌었다면 이유는 무엇인지 써주세요.
	동아리에서 진행한 활동들을 각각 써주세요.	동아리에서 진행한 활동들의 내용과 각 활동에서의 역할을 써주세요.

두 번째는 이렇게 정리한 결과를 바탕으로 어떤 활동이 더 필요한지, 어떤 활동에서 보강이 필요한지 스스로 진단해보는 의미가 있기 때문이다. 고2 겨울방학 때 쓰는 자기소개서 그 자체는 당연히 사용하지 못한다. 3학년 때

수강한 과목이 있고, 혹은 보충한 활동이 생길 것이므로 자기소개서의 주된 내용이 바뀔 수도 있고, 원서 접수 전인 8월과 9월 동안 지독한 퇴고 과정을 거치며 어차피 자기소개서는 완전히 내용이 바뀐다. 하지만 2학년 겨울방학 때 자기소개서를 쓰면서 활동한 계기, 내용 및 과정, 느낀 점, 후속 활동 등을 정리하다 보면, 활동별로 계기가 없는 것, 느낀 점이 뚜렷하지 않은 것, 후속 활동이 있으면 좋을 만한 활동 등 다양한 보완점이 보인다.

이 책은 학생부 관리를 위한 책이다. 그럼에도 불구하고 여러 자기소개서 사례를 보여주고, 자기소개서를 미리 써볼 것을 권장하는 이유는 그만큼 학생부와 자기소개서가 유기적으로 연결되는 서류이기 때문이다. 미리 자기소개서를 쓰는 경험을 하면 자신의 학생부를 온전히 이해할 수 있다.

지금까지 학년별로 학생부를 어떻게 바라보고 활동을 어떻게 발전시켜야 하는지 살펴봤다. 1학년 동안 자신의 학교생활을 '탐색'한 후, 2학년이 돼 본격적으로 목표를 달성하는 데 필요한 경험을 '구체화'해나가고, 3학년이 되기 전에 자신의 이전 활동을 성찰하면서 미리 자기소개서를 작성해 보고, 3학년이 된 후에는 전략적으로 입시를 잘 '마무리'하라는 조언이 이번 장의 골자였다.

어떻게 보면 어려운 이야기고 어떻게 보면 당연한 이야기다. 1학년부터 3학년까지 내용을 쭉 읽으면서 큰 흐름에 공감했고 결국 모두 연결된 이야기임을 이해했다면 충분하다.

인문-사회 계열 /
교육사범 계열 선배들은 어떤 활동을 할까?

전공에 따라 반드시 해야 하는 활동이 있다는 말은 틀린 말이지만, 처음 활동을 하고자 하는 학생은 어떤 활동이 희망 전공과 맞는지 잘 몰라 시작조차 못하는 경우를 현장에서 많이 보았다. 그래서 간략하게 각 계열이나 학과별로 어떤 활동을 선배들이 해왔는지 정리해 두었으니, 보면서 힌트를 얻고 본인만의 활동을 만들어가는 데에 참고할 수 있으면 좋겠다(이 활동들을 그대로 답습하는 것은 아무 의미가 없다. 참고만 하라는 소리다). 장래희망에 따라 다르지만, 어문 계열은 주로 영어, 제2외국어 등 '언어 계열'에서 우수한 성취를, 어문 계열과 사범 계열을 제외한 경우는 '사회교과군'에서 우수한 성취를 했는지가 중요하다. 비교과 영역의 활동은 다양하지만, 학교 공부를 하다가 호기심을 해결하려고 보고서를 쓰거나 독서를 하는 등 교과와 연결된 비교과 활동이 중요해지는 추세다. 따라서 비교과 활동보다는 '교과 연계 활동'이라 부르는 편이 좀 더 적합하겠다.

학과	교과 활동 주안점	비교과 활동 예시 (교과 연계 활동)
경영학	주로 사회교과와 영어교과군에서 좋은 성적을 거두는 것이 중요. 경영학은 다른 학과에 비해 고교 교과와의 일치도가 낮아서 교과 연계 활동으로 전공수학능력을 보여주기도 함.	•광고, 마케팅 동아리 •지역 상권조사 활동 　(소비자 설문조사) •자동차 마케팅 방법 조사 활동 •경영경제 동아리 활동 •브랜드 선호도 조사 활동 등
경제학	주로 사회 교과군과 함께 수학 교과 중 미적분, 통계군에서 좋은 성적을 거두는 것이 중요. 경제는 선택하는 사람이 많지 않지만 내신이나 방과 후로 학습하는 것도 교과 활동으로서 좋은 선택. 예) 시사경제이슈 분석 방과후학교 프로그램	•4차 산업혁명과 실업의 관계에 대한 독서탐구 보고서 •'효율성'에 대한 탐구 활동 •탐구보고서 : 빅맥지수란? •탐구보고서 : 불황과 치마길이는 진짜 관계가 있을까?
정치외교	주로 사회교과군 중에서 법과정치를 선택해 성과를 내면 좋지만, 수강인원이 적어 개설이 안 되기도 하는 과목이므로 세계지리 과목이나 세계사 과목 등을 선택해 보고서를 제출하거나 독서를 해서 유의미하게 연결 지을 수 있음. 예) 세계사에서 성공한 외교와 실패한 외교 발표	•모의 유엔 동아리 활동 •독서 토론 동아리 •정치외교 동아리 •위안부 할머니 '나눔의 집' 봉사활동 •수요 집회 참여 •학생회에 참여해 조직 운영 경험
사회학	사회교과 중에 사회문화가 정확히 전공 관련 과목임. 사회문화는 대부분 선택하는 과목이므로 사회학적 방법을 이용해 문제를 탐구하고 해결한 경험을 교과 내 활동으로 보여주면 좋다. 예) 설문조사법을 이용한 청소년의 의복문화에 대한 고찰: 패딩이 인기 있는 이유는 뭘까?	워낙 활동의 스펙트럼이 넓어서 특정하기는 어렵다. 하지만 '교과 활동 주안점'에서 언급한 대로 사회문화 과목에서 주요하게 다루는 개념에서 출발해 직접 탐구해보는 경험이 매우 유효하다.

언어계열	각 학과의 언어를 선택해 공부하거나 우수한 성적을 받는 것보다는 다양한 언어교과군(일본어, 한문, 영어 등)에서 우수한 성적을 받아서 언어 공부에 수월성이 있음을 보여주는 것이 중요(언어적 수월성만 있으면 말 자체는 대학에 와서 배워도 된다고 평가자도 생각함).	• 관련 언어 EBS 독학 • 영어 말하기 대회 • 전공 관련 문화/산업 탐구 보고서 예) 일본의 오타쿠 문화 탐구, 독일의 자동차 산업 탐구 • 영자 신문 발간(전공 언어 국가 관련 영어기사 작성) ※ 언어를 독학하려는 노력과 해당 언어권 문화를 이해하려고 노력한 활동.
역사학	사회교과 중 역사교과군에서 좋은 성적을 거두는 것이 좋다. 그러나 지원자 대부분 역사교과군 성적이 좋기 때문에 조금 더 나아가 뚜렷한 학습 동기나 보고서, 발표 같은 교과 내 활동이 있으면 좋고, 역사 외 교과에서 역사에 대한 관심이 드러날 만큼 '덕후적 기질'을 보이면 좋다. 예) 한국지리 시간에 수원에 대해 배우며 '수원화성의 역사적 의의'를 발표.	• 교내 역사 탐방 동아리 • 시대별 연극 동아리 • 과거의 외교정책 토론 ※ 각종 교과 내용을 바탕으로 역사에 대한 지적 호기심을 해결하는 활동.
철학	주로 윤리/도덕 교과군에서 높은 성적을 거두는 것이 좋다. 주로 윤리 교과군을 배우면서 독서로 더 깊은 내용까지 사고할 수 있음을 보여주는 편이 유리하다. 예) 윤리와 사상 중 쇼펜하우어와 불교철학의 연관성에 대한 논문 독서 및 발표.	• 철학 에세이 쓰기 • 풍부한 독서 포트폴리오 활동 • 철학 블로그를 (꾸준히) 운영 • 경제학 등 다른 인문, 사회과학과 철학의 관계에 대한 탐구보고서
심리학	사회교과군과 더불어서 생물교과에서 성적이 좋다면 유리함. 국어나 생물교과군에서 독서를 더해 심리학에 대한 관심을 보임. 예) 심리학 국어지문을 읽고 궁금증이 생겨 프로이트의 '꿈의 해석'을 읽고 보고서를 씀.	• 또래 상담 활동 • 학생들을 상대로 한 심리학 실험 및 보고서 ※ 심리학 실험을 직접 해보거나, 관련 서적으로 탐구하는 활동.

사회복지학	사회문화/법과정치 교과에서 좋은 성적을 거두고, 해당 교과 중 사회복지 개념과 연계하여 보고서를 작성. 예) 부양의무제 폐지는 정당한가? : 사회보장제도 개념을 중심으로.	• 복지관 봉사 활동 • 복지 사각지대 해결에 대한 제안서 작성 및 제출 • 지역 복지 문제 탐구 활동 ※ 복지제도를 탐구하고 개선책을 고민하는 활동.
행정학	사회문화, 법과정치, 지리교과군에서 높은 성적을 받으면 유리함. 실제로 사회제도와 관련해서 전공과 연결 지을 부분이 있음.	• 교통 체증 해결을 위한 제안서 작성 및 제출 • 지역 정책 분석 및 제안 활동 • 로마의 행정제도 탐구
교육사범계열	주로 가르치고자 하는 과목 교과에서 우수한 성적을 거두고, 과목 부장 활동 등을 하며 학생들에게 지식을 나누고 봉사한 기록이 남은 경우가 많음. 예) 3년 간 수학부장으로서 수학 성적이 안 좋은 학생에게 멘토링을 진행함.	• 교육봉사 동아리 • 핀란드와 한국의 교육정책 비교 발표 • 수업 시간 중 수업 시연 발표(모의 수업 활동) • 장애에 대한 인식 개선 교육모델 개발 및 보고서 작성 ※ 교육모델을 만들고 시연하는 활동이 긍정적임.
통계학	수학교과 중 통계, 미적분 등에서 높은 성적을 거두면 좋다.	수학/경제 연구 동아리 ※ 실제 통계 기법을 적용한 탐구 활동이 많아지는 추세.
미디어계열	사회교과군에서 희망 과목과 언론, 미디어 등을 연결지어서 독서하거나 보고서 작성이 가능함. 예) 세계사 중 시민혁명에서 미디어의 역할 변화 보고서. 세계지리 중 전 지구적 문제 해결에서 언론 역할의 중요성 보고서.	• 고등학생 기자단 활동 • 방송반/신문부 활동 • 사회 이슈 탐구/탐방 동아리 • 신문 스크랩 및 기사 비평 활동

※ 탐구 보고서는 기재가 불가능해진 만큼 탐구 보고서 활동은 토론, 제안, 발표 등으로 대체해 진행하면 된다.

학생부종합전형 학년별 학생부

학생부종합전형 합격생의
리얼 학생부 기록

여기에 소개하는 사례들은 두 저자가 직접 상담하고 대학 입시에 합격시킨 합격자들의 사례다.

학생들의 개인 정보를 드러내지 않고자 일정 부분 정보를 가렸다. 그래도 이 학생들이 왜 이런 활동을 했고 어떤 고민을 했는지는 첨부된 설명과 함께 읽을 경우 충분히 파악할 수 있을 거라 생각한다.

사례편의 목적은 정답 제시가 아니다. 이 학생들을 그대로 따라 한다고 그 대학에 내년에 합격할 수 있다고 장담할 수 없다. 애초에 학생부종합전형은 정답이 없는 전형이기 때문이다.

파트 4는 앞의 '파트 2 활동별 가이드'와 '파트 3 학년별 가이드'에서 익힌 내용을 한 번에 적용해보는 의미로 보여 주고자 한다. 앞의 두 파트에서 여러 사례들을 충분히 보여줬음에도 불구하고 굳이 별도의 사례편을 만든 이유가 여기에 있다. 온전히 한 학생의 고민과 노력 과정을 직접 확인해보기 위함이다.

사례편은 저자들이 아무런 가공을 하지 않았기 때문에 2021년 현 고등학생의 상황에서는 서술 양식이 다른 부분이 존재한다. 하지만 각 부분마다 변화된 기재방안을 반영해 코멘트를 달아 둠으로써 변화상을 중심으로 어떻게 대처해 나가야 하는지를 실전적으로 파악하도록 했다.

"학생부 기록이 평범하지만 관심을 꾸준히 드러내서 주목받았다"

- **합격 정보**　고려대학교 고교추천Ⅱ 건축사회환경공학부 서류합격(면접 불참)
- **고교 정보**　서울 일반고
- **교과 내신**(전체 평균)　내신 1.9

학년	내신 변화	수상 경력	봉사 활동
1	1.77	9개	75시간
2	1.92	12개	88시간
3	1.96	5개	36시간

● 수상 경력

활동 종류	활동명
주요 수상 경력	수학경시대회 은상 [참가자 46명]
	동아리 학술에세이 대회 은상 [참가자 874명]
	자기주도 탐구논문대회(자연부문, 공동수상 2인) [참가자 154명]
	수학경시대회 은상 [참가자 50명]
	과학탐구대회(공동수상 3인) 동상 [참가자 34명]

1. 수상 경력은 이제 양보다 수상의 맥락이 중요해졌다.

2. 예를 들어 이 학생은 '수학경시대회'에 1학년 때부터 2년 연속으로 참여했다. 교과 관련 수상 경력은 해당 교과에 대한 관심과 성취를 보여주는 좋은 수단이다.

3. '수학경시대회'에 첨언하자면, 참가자 수에서 의무 혹은 반강제로 참여한 대회가 아님을 확인할 수 있다. 즉, 학생이 적극적으로 관심을 가지고 참여했음을 알 수 있는 대목이다. 이렇게 참가자 수에도 읽어낼 수 있는 맥락이 존재함을 알아 두자.

4. 이 학생은 학교에서 공지하는 대회에 매우 꾸준히 참여한 편이었다. 이 학생과 같이 바람직한 습관을 들이기만 한다면 충분히 도달할 수 있는 상장 수이니 참고하자. 물론 이제 어느 정도 효율적으로 참여할 필요가 있다.

● 창의적 체험활동상황 – 1학년 동아리 활동

활동 종류	활동명[가제] + 활동 내용[요약]
동아리 활동	[과학 동아리] 과학 실험과 탐구 활동을 좋아함. '파스 만들기'를 주제로 조별 발표를 수행했으며 사전 실험에도 열심히 참여함. 교내 축제일에 '밀도 차에 의해 병 속에 뜨는 배'를 주제로 부스를 운영했는데 전교생 투표에서 우수 동아리로 선정됨. '효율적인 에너지 절약형 냉장시스템 연구'에 적극적으로 참여함.
	[컴퓨터 동아리(자율동아리)] 컴퓨터 및 정보에 관심이 많은 친구들과 함께 함수의 활용, 라이브러리 등 중요 개념을 학습함. 카페를 만들어 컴퓨터와 관련된 정보를 나눔.

1. 해당 학생은 1학년 때 공학 계열에 꿈이 있다는 추상적인 목표만을 가지고 있었기에 '과학 동아리'라는 다소 포괄적인 활동에 참여했다. 이렇게 1학년 때는 본인의 적성이나 (바뀐) 진로에 직접 관련되지 않더라도 포괄적인 주제로 다양한 활동을 할 수 있는 동아리에 참여하는 것이 좋다.

2. 실제로 '과학 동아리' 활동 중 '효율적인 에너지 절약형 냉장시스템 연구'는 공학 계열에 관심을 가지게 된 주요한 계기로 작용했는데 자동차에서 그 아이디어를 얻었다고 한다. 이는 자기소개서에 공학에 대한 관심을 보여주는 측면으로 비중 있게 다루어졌다.

3. '컴퓨터 동아리'도 마찬가지로 공학 계열과 닿아 있되 주변 친구가 많은 관심을 가지고 있던 동아리였다. 이는 자기소개서에 활용되지는 않았지만 공학에 대한 관심을 확장시키는 좋은 계기가 됐다.

• 창의적 체험활동상황 – 2학년 동아리 활동

활동 종류	활동명[가제] + 활동 내용[요약]
동아리 활동	[과학 동아리] 동아리 차장으로 활동함. 조별 실험 발표로 '스크래치 홀로그램'을 선정함. 교내 축제에서 친환경 축제라는 주제에 부합하는 우수한 활동 과정을 보여줌.
	[건설 동아리(자율동아리)] 과학 행사에 참여함. 미래도시 설계와 관련해 다양한 의견을 제시하고 건축학과에 더욱 관심을 가지게 됨.

1. '과학 동아리'는 2학년 활동으로 이어진다. 동아리 차장 역할을 수행했지만 학교 환경의 한계로 1학년 활동과 크게 다를 바 없는 활동을 하게 됐다. 건축공학에 관심이 생겼음에도 이를 드러내기 힘들어진 셈이다.

2. 이 학생은 이런 한계를 극복하고자 건축공학에 대한 관심을 다른 방면의 활동으로 보여주려 했다. 2학년 때 진로를 구체화해나가는 과정의 일환으로 더 깊이 있는 공학 관련 실험을 수행함과 동시에 건축 공학에 대한 관심을 보여줄 수 있는 건설 동아리에 가입한다. 특히, 과학 행사에서 미래도시를 설계해본 경험은 후에 자기소개서에 중요한 소재로 활용됐다. 이렇게 주어진 환경 혹은 제약에 많이 휘둘릴 필요없다. 오히려 이런 변수를 어떻게 극복해나가고자 하는지가 종합전형에서는 더 중요하다.

3. 물론 자율동아리는 이제 간략한 소개밖에 못 들어간다. 그래도 건축과 관련된 동아리임을 보여주는 것이 좋겠다.

4. 특히 서술 수준에 주목해라. 2022년 개편 이후 이 정도 서술이 이루어질 가능성이 매우 높다.

● 창의적 체험활동상황 – 3학년 자율 활동

활동 종류	활동명[가제] + 활동 내용[요약]
자율 활동	1학기 학급 회장으로 활동했음. 선거공약으로 학급 내 '멘토–멘티 학습 프로그램'을 제시함. 참여한 친구의 불편 사항을 확인하고 건의 내용을 수용하는 등 멘토와 멘티 모두에게 도움이 되도록 함.

1. 이 학생이 학급 회장과 같은 리더십 활동을 물론 3학년 때 처음 한 건 아니다. 하지만 3학년 학급 회장 활동만 보여준 이유는 그중에서 유일하게 유의미한 기록이 담겼기 때문이다.

2. 추가로 설명하자면 원래 수학 선생님이 교과 활동의 일환으로 멘토–멘티 프로그램을 운영했는데 그 효과가 좋아서 이를 전 과목에 확대 적용하면 좋겠다는 생각을 했다고 한다. 그래서 이를 공약으로 삼아 학급 회장에 출마했다.

3. 당선된 후 프로그램을 실제로 운영했지만 의외로 반응이 좋지 않아 참가자의 의견을 다시 수렴해 프로그램을 개선하는 등 많은 노력을 기울였다.

4. 이게 바로 진짜 리더십이라 할 수 있다. 리더십이란 회장, 차장을 맡았다고 획득되는 것이 아니다. 자신이 이끄는 구성원과 소통하고 이들을 위해 고민하고 무언가를 이루어내는 것이야말로 진짜 리더십이라 할 수 있다. 이는 자기소개서에도 주요하게 활용됐다.

● 창의적 체험활동상황 – 3학년 진로 활동

활동 종류	활동명[가제] + 활동 내용[요약]
진로 활동	자율주제 선정 발표 활동에 참여함. 장애인 봉사활동을 하면서 느낀 것들을 토대로 시각장애인을 위한 초음파 센서를 만들었으며 이 과정에서 '배리어–프리'에 관심을 가지게 되었다고 함.

1. 이 과정에서 제작한 시각장애인을 위한 초음파 센서는 사실 건축공학과는 직접적으로 무관하다. 하지만 그래도 매우 의미 있는 활동이다. 먼저 이는 공학에 대한 관심과 닿아 있다. 더 나아가 약자를 위한 설계를 고민하고 경험했다는 점에서 더욱 의미가 있다(이는 실제로 배려, 나눔, 협력, 갈등 관리 경험을 묻는 자기소개서 3번 문항에서 중요하게 활용된 소재다).

2. 이 경험이 '배리어–프리'에 대한 관심으로 확장됐다는 서술에도 주목하자. '배리어–프리'는 건축공학에서도 주요하게 적용하는 개념이다. 이는 후에 자기소개서에도 중요하게 활용됐다. 이렇게 직접적으로 지원 전공과 관련돼 있지 않은 활동이라도 충분히 유용하게 활용될 수 있음에 주목하자.

3. 이 활동 자체로만 평가하자면 '봉사활동'과도 닿아 있다는 점에서 매우 의미가 있다. 이 학생은 3년간 꾸준히 장애인 복지관에서 봉사해왔다. 봉사하면서 고민하고 느낀 점이 진로 활동으로 이어진 것이다. 아주 긍정적이며 적극적인 연계 활동 사례라 할 수 있다.

● 교과학습발달상황 – 1학년

과목	석차 등급	과목	석차 등급	과목	석차 등급
국어Ⅰ	2	수학Ⅰ	2	실용영어Ⅰ	2
과학	2	수학Ⅱ	1	국어Ⅱ	3

1. 내신이 양호한 편이다. 주요 과목인 2학기 국어 내신이 3등급인 점은 다소 아쉽지만 그 외에는 모두 1~2등급에 해당하는 성과를 냈다. 우수한 학생이다.

과목명	세부능력 및 특기사항[요약]
기술·가정	제로 에너지 주택 설계 및 제작 실습에서 좋은 작품을 제작하였음.

1. '세부능력 및 특기사항'은 따로 설명할 정도로 특기할 내용이 거의 없다. 기록이 길다고 좋은 것이 아니다. 이 학생에게만 해줄 수 있는 코멘트가 적혀 있어야 좋은 것이다. 하지만 학교가 종합 전형에 대해 깊이 이해하고 있지 않다면, 1학년은 대부분 내용은 많지만 단순 수식어의 나열로 채우는 경우가 절대적으로 많다.
2. 다만 '기술·가정'에 1학년 때부터 건설공학에 대한 관심이 묻어나고 있어서 눈이 간다.

● 교과학습발달상황 – 2학년 [평균 내신 : 1.92]

과목	석차 등급	과목	석차 등급	과목	석차 등급
문학	3	미적분Ⅰ	3	미적분Ⅱ	3
물리Ⅰ	1	지구과학Ⅰ	1	생명과학Ⅰ	1

1. 내신이 다소 하락했으며 전공 관련 과목 중 '미적분Ⅱ'의 성적이 유독 낮다는 점은 아쉽다.

2. 그래도 과학 교과에 해당하는 과목에서 우수한 성과를 보였다는 점이 인상적이다. 특히 공학 계열에 관심이 있다면 '물리Ⅰ'과 같은 과목은 특히 신경 쓸 필요가 있다.

3. 다만 세부능력 및 특기사항은 매우 빈약했다. 대부분이 수업 시간에 무슨 내용을 배웠는지 나열하는 데 그쳤다. 이는 학교 수업 대부분이 주입식으로 이루어졌음을 반증한다. 이럴 경우 학생 스스로 더욱 적극적으로 교과 선생님을 지도 선생님으로 삼아 탐구 활동을 하거나 선생님과 자주 소통하여 관심사를 적극적으로 드러내야 한다(당연히 이쪽이 최선책이다).

4. 차선책으로는 동아리 활동, 대회에 특히 집중하는 방법이 있다. 이 학생은 그 방법을 택했고 그 때문에 상대적으로 세부능력 및 특기사항은 매우 빈약한 편이다. 그럼에도 불구하고 합격할 수 있었다는 점에 주목하자. 학교 환경이 교과 활동을 하기에 좋은 환경이 아닌 상황에서, 심지어 이를 극복하는 최선책이 아닌 차선책을 택했더라도 잘하기만 하면 당당히 합격할 수 있음을 보여주는 사례다.

5. 하지만 이전에도 강조했지만 2022년 개편 이후에는 세부능력 및 특기
사항의 중요성이 상당히 강조될 가능성이 높다. 3에서 강조한 대로 최
선책을 선택할 수 있도록 하자.

● **교과학습발달상황 – 3학년 [평균 내신 : 1.96]**

과목	석차 등급	과목	석차 등급	과목	석차 등급
확률과통계	3	기하와벡터	3	물리Ⅱ	2
화학Ⅱ	1	영어Ⅱ	1		

1. '물리Ⅱ' 선택에 주목하자. 수강자가 33명밖에 되지 않아 교과 내신에 매
우 불리할 것이 뻔했음에도 불구하고 선택했다는 것은 그만큼 이 학생
이 공학 계열에 관심이 있었기 때문이다. 실제로 대학에서도 이런 배경
을 충분히 이해하고 있기에 정말 관심이 있다면 너무 걱정 말고 'Ⅱ'과목
을 선택하길 바란다.

2. 내신이 전반적으로 조금 하락하기는 했지만 크게 떨어지지는 않았다.
너무 걱정할 필요 없다.

과목명	세부능력 및 특기사항[요약]
물리Ⅱ	친환경적이고 무소음에 가까운 스털링 엔진에 많은 관심이 있으며 나중에 여러 엔진을 개발해 보고 싶어 함. 장애인이 일상 속에서 느낄 수 있는 여러 구체적인 문제점을 친구와 협력해 조사해보고 배리어–프리 기술과 연결 지어 소논문을 작성함. 장애인을 위하고 지속 가능한 사회를 위한 공학자가 되고 싶다고 함.

1. '물리II' 내용을 따라가기도 힘들었을 텐데 그 안에서 다양한 공학 분야에 관심이 있음을 잘 드러냈다.

2. 특히 배리어-프리 기술에 대한 고려가 '물리II' 수업 속 소논문(탐구 보고서) 작성으로 이어졌음에 주목하자. 이렇게 활동 간 연계성이 중요하다. 고민을 이어가다 보면 자연스럽게 한 활동이 다른 활동으로 이어지게 된다. 이런 활동 간의 연결을 자기소개서에서 부각하도록 하자.

3. 탐구 보고서는 최대한 학교 활동 안에서 작성될 수 있도록 하는 것이 좋다. 최선은 교과 영역 내에서 선생님의 도움을 받아 함께 작성하는 것이다. 최악의 경우는 사교육의 도움을 받거나 학교 외부에서 작성하는 것인데, 이러면 아무 의미 없는 활동이 된다.

● **독서활동상황**

학년	독서활동상황[일부]
1	수학 비타민(박경미) 공학에 빠지면 세상을 얻는다(서울대학교 공과대학) 엔트로피(제레미 리프킨) NEW C언어 입문(하르비코 하야시) 큰발 중국 아가씨(탄세이 라미오가)
2	자동차 이야기(김우성) 물리학자는 영화에서 과학을 본다(정재승) 공학이란 무엇인가(성풍현) 휴보이즘(전승민) 빛의 물리학(EBS 다큐프라임) 손도끼(게리 폴슨)
3	신은 주사위 놀이를 하지 않는다(데이비드 헨드) 축적의 시간(서울공대 26명 석학) 기린의 날개(히가시노 게이고) 축적의 길(이정동)

1. 소설 등도 함께 읽었지만 주로 공학 계열 책을 다양하게 읽어왔다.

2. 특히 자동차나 건설 공학에 관련된 특정 책을 읽기보다 전반적인 물리학, 공학에 대한 다양한 독서를 해왔음에 주목하자. 자동차연구원, 건설공학자 등을 지망한다고 해서 꼭 공학 분야의 책만 읽어야 하는 건 아니라는 점을 잊지 말자. 다시 말하지만 중요한 것은 '계열'이지 '전공'이 아니다.

총 평

사실 이 학교의 학생부 기록 역량은 평범한 편이다. 학생의 활동을 단순 나열한 경우가 많으며 학생을 관찰·평가했더라도 무의미한 수식어만 덧붙이는 데 그쳤다. 그럼에도 불구하고 학생이 꾸준히 활동을 이어갔다는 점에서 관심과 노력을 확인할 수 있었다. 평범한 활동이 대부분이지만 이 학생이 합격했다는 점에서 학생부종합전형이 특출하지는 않더라도 고민을 이어가고 이를 활동으로 계속 발전시킨다면 좋은 평가를 받을 수 있다는 점을 확인할 수 있다.

"사회에 대한 일관된
고민을 보여 주었다"

- **합격 정보**　고려대학교 융합형인재 서류합격(현역)

　　　　　　　고려대학교 일반 자유전공학부 최종합격(재수)

　　　　　　　이화여자대학교 미래인재 스크랜튼 최종합격(재수)

- **고교 정보**　서울 일반고(재수생)

- **교과 내신**(전체 평균)　내신 2.1

학년	내신 변화	수상 경력	봉사 활동
1	2.41	2개	110시간
2	1.76	7개	95시간
3	2.15	14개	44시간

● 수상 경력

활동 종류	활동명
주요 수상 경력	교과우수상(법과정치) 최우수상 [2학년 중 수강자]
	멘토 멘티 스터디(공동수상, 3인) 최우수상 [참가자 201명]
	우수논문발표대회 인문사회부문(공동수상, 3인) 동상 [참가자 31명]
	3년 개근상 [3학년]

1. 3년간의 수상 경력을 모두 합치면 23장(교과 관련 수상 17장, 비교과 관련 수상 6장) 정도다. 학교 자체가 대회를 많이 여는 편이 아니다. 적당히 다른 학교만큼 여는 수준이라 할 수 있겠다. 따라서 절대적인 수상 경력이 많은 편이 아니라도 이 정도면 대회 대부분에 꽤 열심히 참여한 편이라고 평가할 수 있다.

2. 이 학생은 수상 경력에도 자신의 관심사를 꾸준히 드러냈다. 진로 희망이 법조인인 만큼 '법과정치' 과목에 많은 관심을 보였고 자연스럽게 당과목에서 교과우수상을 수상했다.

3. 또한 타인을 돕는 방법을 지속적으로 고민했기에 '멘토 멘티 스터디' 관련 수상으로 이어졌다.

4. 최근에는 탐구 보고서 작성을 학교 차원에서 지원하려고 위와 같은 '논문발표대회'를 많이 개최하고 있다. 긍정적인 변화다. 이전 사례에서도 언급했지만 이렇게 수상 경력과 연결된 탐구 보고서 작성은 가장 신뢰받는 방법이다. 물론 2022 개편 이후 이렇게 노골적으로 소논문을 심

사하는 대회에는 변화가 생기겠지만, 결국 어떠한 방식으로든 탐구 활동을 평가하게 될 테니 관련 대회에 적극적으로 참여할 수 있도록 하자.

5. 3학년 때 받은 유일한 수상 경력은 '3년 개근상'이다. 이를 통해 성실성을 보여줄 수는 있겠지만 결코 대단한 수상 경력이 아니다. 많은 재수생들이 3학년 때 하락한 내신과 부족한 활동 때문에 걱정하지만 대학에서도 고교의 현실을 충분히 알고 있기에 3학년, 특히 2학기 활동량을 다른 학년 때의 활동량과 무작정 비교하지는 않는다. 그러니 그런 걱정은 하지 말고 지원해보도록 하자.

6. 물론 이제 이 학생은 최대 6개의 수상 경력을 선택해서 제출해야 한다. 그렇다면 이 사례에서 어떤 상을 빼고 어떤 상을 제출해야 할까? 교과 우수상과 3년 개근상을 빼고 나머지는 제출했을 것 같다고 생각했다면 지금까지 책을 잘 따라오고 있는 것이다.

● **창의적 체험활동상황 – 1학년 자율 활동**

활동 종류	활동명[가제] + 활동 내용[요약]
자율 활동	[독서클럽 활동] 『동물농장』, 『우리들의 행복한 시간』 등을 읽은 후에 토론 주제를 제시하고 토론 활동에 주도적인 역할을 하는 등 팀장으로서 훌륭하게 이끎.

1. 활동 기록 자체는 평범하다. 하지만 동시에 딱히 흠 잡을 곳도 없다. 사실 위주로 기록돼 있지만 동시에 어떤 책을 읽었는지, 팀장 역할을 어떻게 수행했는지도 잘 기록돼 있다. 사실 이 정도 수준의 기록만 이루어

져도 자기소개서에 쓰고 면접에서 이야기할 소재가 다양해진다.

2. 실제로 이 학생의 소재는 자기소개서에 주요하게 활용됐다. 당시 이 학생은 『우리들의 행복한 시간』을 읽고 사형제 폐지에 대한 자신의 의견을 처음으로 개진해보았고, 이 주제에 대해 토론할 수 있었기 때문이다.

● 창의적 체험활동상황 – 2학년 진로 활동

활동 종류	활동명[가제] + 활동 내용[요약]
진로 활동	[법·정치·외교 스터디 활동] 각자 다른 분야에 관심이 있는 학생들이 모여 교과의 연장선상에서 깊이 있는 공부를 함. 동시에 찾아다니는 공부를 함. 주요 활동으로 전쟁과여성인권박물관을 방문해 위안부 문제를 고민함.

1. 요즘 특히 중요하다고 말하는 소위 '융합적인 협력 활동'이다. 이렇게 각자 다른 분야에 관심이 있는 학생들이 한데 모여 같은 문제를 마주하고 함께 고민해보고 해결책을 모색했다는 점은 매우 긍정적인 학생 위주의 활동이라 할 수 있다. 이 사례처럼, 비슷한 관심사가 있는 학생끼리 모이기보다 인문 계열과 자연 계열 학생이 함께 활동하는 것도 좋은 방법이다.

2. 약자에 대한 다양한 인식과 이 학생의 고민이 느껴진다. 여기서 여성 인권, 위안부 문제에 대한 고민이 비롯된 것이다.

● 창의적 체험활동상황 - 2학년, 3학년 봉사 활동

활동 종류	활동명[가제] + 활동 내용[요약]
봉사 활동(2학년)	[노인복지관 봉사 활동] 부모님과 함께 봉사단으로 활동하며 꾸준히 지역의 외로운 어르신과 함께 문화체험을 하고 말벗 되어 드리기 활동을 함.
봉사 활동(3학년)	[노인복지관 봉사 활동] 3년간 봉사활동을 하며 어르신들의 생활에 구조적인 불편이 있음을 느끼고 이를 해결하고자 여러 제도를 기획해 이를 리포트로 작성하고 사회복지사에게 전달함.

1. 남들이 다 하는 활동이다. 그럼에도 의미가 있는 이유 첫 번째는 이 활동이 지속적이었다는 점 때문이고 두 번째는 이 활동에 학생의 고민이 들어 있기 때문이다.

2. 3학년 기록에 주목해라. 이 학생은 수동적인 활동만 하고 끝내지 않았다. 이 학생은 '사회적 약자'에 관심이 있었던 만큼 복지관 노인의 생활에도 당연히 관심을 가지게 되었고 이들의 구조적인 불편을 해소하고자 구체적인 해결책을 기획했다는 점에서 우수한 학생으로 평가할 만하다.

3. 그리고 이를 단순히 기획으로만 끝내지 않고 리포트를 작성해 복지사에게 전달함으로써 노인들에게 실질적인 도움이 되고자 했다는 점에서 매우 의미 있는 활동이라 할 수 있다.

4. 물론 이제부터는 봉사활동에 대한 특기사항을 직접 기록할 수 없다. 따라서 이 책에서 설명한 대로 행동특성 및 종합의견이나 세부능력 및 특기사항 등을 활용하도록 하자.

● 창의적 체험활동상황 – 3학년 동아리 활동

활동 종류	활동명[가제] + 활동 내용[요약]
동아리 활동	[인문과학독서반] 사형제도 존속 문제에 관심이 많음. 그래서 『범죄와 형벌』(체사레 베카리아)과 『사회계약론』(장 자크 루소)을 읽고 상반된 두 입장을 토대로 생활과윤리 시간에 배운 내용을 폭넓게 이해함. 이 독서를 통해 사형제 폐지라는 자신의 의견을 더욱 확고히 함. [소통 : 자율동아리] 소통을 기반으로 사회 갈등과 약자를 향한 차별을 해소하고자 함. 특히 이때 매체가 소통의 주요한 수단이 된다는 생각을 하고 매체의 무비판적인 수용에 관해 팀원들과 함께 고민함. 이렇게 팀장으로서 주제를 제시하고 활동을 전개함.

1. 이 학생은 사형제를 지속적으로 고민해왔고 독서반 활동에도 이 고민이 이어졌음을 확인할 수 있다.

2. 기록 면에서 평가하자면 매우 우수한 기록이라 할 수 있다. 사실 위주로 어떤 책을 읽었는지 잘 표현된 동시에 생활과윤리 교과와도 연결된 기록을 남김으로써 교과 연계성이 선명하게 드러났다.

3. '소통' 활동에서도 사회적 약자에 대한 관심이 지속되었음을 다시 한 번 확인할 수 있었다.

● 교과학습발달상황 – 1학년 [평균 내신 : 2.41]

과목	석차 등급	과목	석차 등급	과목	석차 등급
국어I	3	수학I	3	실용영어I	3
사회	2	한국사	3	국어II	2

1. 내신이 결코 높은 편이 아니다. 과목 대부분이 2~3등급 사이에 위치해 있다. 고려대학교에 지원하는 평균적인 학생에 비해 다소 부족한 내신이라고 할 수 있다.

2. 이 학생은 고려대학교 융합형인재전형에 지원해 서류에서 합격한 경험이 있다. 면접에서 불합격했지만 당시 일반고 지원자 중에서는 여전히 내신이 비교적 낮은 편이었다. 고려대학교가 그럼에도 불구하고 2년 연속 이 학생을 다시 부른 이유는 무엇일까? 앞에서 살펴본 내용으로 이미 어느 정도 감을 잡았을 것이다. 이 학생이 '사회의 실질적 평등, 사회적 약자를 위한 배려'를 계속해서 고민해왔다는 점이 주요하게 작용했을 것이다. 물론 2학년 때 내신을 끌어올렸다는 점도 긍정적으로 평가하는 데 배경이 되었을 것이다.

3. 그러니 1학년 때 내신을 목표 대학에 비해 다소 못 봤다고 너무 걱정하지는 말자. 자신의 고민과 관심을 꾸준히 드러내고 내신을 추후에 끌어올린다면 여전히 좋은 평가를 받을 수 있다.

4. 다만 '세부능력 및 특기사항'에는 특기할 만한 내용이 없다.

● 교과학습발달상황 - 2학년 [평균 내신 : 1.76]

과목	석차 등급	과목	석차 등급	과목	석차 등급
문학	3	미적분Ⅰ	2	영어Ⅰ	1
법과정치	2	생활과윤리	1	확률과통계	1

1. 주요 과목 위주로 (여전히 국어가 아쉽기는 하지만) 발전했다는 점이 특히 인상적이다.

2. 다만 '생활과윤리'에서는 좋은 성적을 얻었지만 자신의 주요 관심사인 '법과정치' 과목에서 2등급을 받았다는 점이 매우 아쉽다. 하지만 여전히 좋은 성적이라는 점 그리고 원점수 자체가 평균점수에 비해 매우 높다는 점, 또 교과우수상을 수상했다는 점에서 결코 치명적이지는 않다.

과목명	세부능력 및 특기사항[요약]
법과정치	평소 법과 정치에 관심이 많고 수업에 진지하게 임함. 신문기사를 즐겨 읽으며 사회 이슈에 관심이 많음. 특정 사안에 대한 자신의 생각을 명확하게 표현하고 교사와 소통하며 잘 정립하는 학생임.
생활과윤리	모둠장으로 자원함. 모둠별 토론·발표 수업에 주도적으로 참여함. 2학기에 토론 주제로 '사형제도'를 선택함. 반 학생들이 직접 투표한 결과 '가장 토론을 잘한 학생'으로 선정됨.
3D 프린팅을 활용한 유니버설 디자인	방과후학교 프로그램 20시간 수강

1. '법과정치'는 나쁘지 않지만 결코 좋은 기록이 아니다. 학생이 관련된 활동을 수업 내에서 많이 수행했음에도 불구하고 제한적으로 기록됐다는 점이 아쉽다. 다시 말하지만 누구에게나 해주는 칭찬은 결코 좋

은 기록이 되지 못한다. 나한테만 해주는 칭찬이 좋은 기록이 된다.

2. '생활과윤리'가 오히려 좋은 기록에 해당한다. 학생의 활동과 성취가 비교적 체계적으로 기록돼 있기 때문이다. 평가 기록이 없다는 점은 아쉽지만 이 경우는 차라리 자기소개서에 주요하게 활용할 수 있다. 실제로 자기소개서 1번 문항에서 결정적으로 활용됐다.

3. 방과후학교 프로그램은 관심은 있지만 수강하지 못한 과목을 대체해 수강하는 방식으로 이용한다면 매우 유효하다. 이 학생은 어느 정도 공학 분야에 관심은 있었지만 인문 계열이라 관련 과목을 수강하지 못한 상태였기에 방과후학교 프로그램을 활용했다. 또한 토론 활동에도 주목해주자. 여러 탐구 활동들이 2022년 이후 제한될 가능성이 높은데 토론 활동은 이때 훌륭한 대안이 될 수 있으니 동아리 활동에서든 조별 활동에서든 적극 활용할 수 있도록 하자.

4. 특히 '유니버셜 디자인'임을 주목하자. 여기서도 '사회적 약자'를 향한 관심과 배려가 잘 드러나고 있다.

● 교과학습발달상황 – 3학년 [평균 내신 : 2.15]

과목	석차 등급	과목	석차 등급	과목	석차 등급
고전	1	사회·문화	2	한국사	3
영어Ⅱ	3	미적분Ⅰ	2	화법과작문	1

1. 내신이 하락했다. 재수생이라서 2학기 성적도 반영되기 때문인데 이는

대학에서 충분히 그 사정을 이해하고 있으니 걱정할 필요 없다.

과목명	세부능력 및 특기사항[요약]
고전	문학으로 세상을 이해할 수 있다고 믿음. 『양반전』과 정호승 시인의 『슬픔이 기쁨에게』를 읽고 문학으로 사람들을 사회에 관심을 가지게 할 수 있음을 배움.
영어Ⅱ	사형제 폐지에 대한 자신의 의견을 영어로 작성함. 촉법소년 연령을 낮추자는 자신의 주장을 주제로 한국과 미국의 실제 사례를 비교해 작성함.
법·정치·외교 스터디 활동 [추가 서술]	촉법소년 연령에 대한 논의를 준비하며 방과후수업에서 배운 빅데이터를 이용해 자료를 조사함. 약자에 대한 사람들의 인식을 조사하고자 '성 소수자에 대한 고등학생의 이해'라는 연구를 진행했는데 질문지를 활용해 소논문을 작성함.

1. 1~2학년 때 탐구 활동이 부족하다고 생각했기에 3학년 때는 교과 활동의 일환으로 담당 교사와 함께 여러 소논문(탐구 보고서)을 작성하는 활동을 수행했다.

2. 특히 약자에 대한 다양한 인식을 확인하고자 '촉법소년 연령'과 '성 소수자'에 대한 연구를 진행했음이 인상적이다. 또한 '촉법소년 연령'에 관해서는 미국의 사례와 비교하면서 이를 영어 교과 활동의 일환으로 작성해봤다는 점이 눈에 띈다. 활동 간의 연계성이 두드러지기 때문이다.

3. 위 사례에서 볼 수 있듯이 탐구 활동은 연구 내용과 주제 정도만 간략하게 학생부에 기록된다. 그리고 그 정도면 충분하다. 어차피 연구의 깊이나 정교함은 평가에 전혀 중요한 영향을 끼치지 못한다. 고등학생은 고등학생다운 수준에서 연구하는 게 좋다. 다만 그 연구를 왜 했는지,

어떤 고민을 했는지가 훨씬 더 중요하다.

● **독서활동상황**

학년	독서활동상황[일부]
1	내 얘기를 들어줄 단 한 사람이 있다면(조우종) 이중나선(제임스 왓슨) 프레임(최인철)
2	당신들의 천국(이청준) 시인 동주(안소영) 이야기로 아주 쉽게 배우는 확률과 통계(정완상) 법의 정신(몽테스키외) 도덕경(노자) 미술관에 간 화학자(전창림)
3	변신(프란츠 카프카) 제 3의 현장(이청준) 새빨간 거짓말, 통계(대럴 허프) 미디어의 이해(마셜 맥루언) 무지개 속 적색(해나 디) 두 문화(C.P. 스노우) 제국의 위안부(박유하)

1. 책을 다양하게 꾸준히 읽어왔음에 주목하자.

2. 그런데 그 사이사이에 자신의 관심사가 적절히 반영돼 있다. 정말 그 분야에 대해 관심이 있고 고민을 해왔다면 자연스럽게 나타나는 결과다. 예를 들어 『새빨간 거짓말, 통계』에서 익힌 개념을 탐구 보고서를 작성할 때 활용했고 『미디어의 이해』에서 매체를 무비판적으로 수용했을 때의 위험성을, 『무지개 속 적색』에서 성 소수자 인권 문제를, 그리

고 『제국의 위안부』에서 위안부 문제를 더욱 깊이 있게 이해하게 되었음을 확인할 수 있다.

3. '인문과학독서반'에서 수행한 독서 활동은 여기에 추가로 기록되지 않았다.

총 평

이 학생은 자신의 진로가 일정한 경우다. '사회적 약자를 위한 법조인'을 목표로 그 목표를 달성하기 위한 노력을 지속적으로 이어온 학생이다. 특히 그 노력이 다양한 활동과 경험으로 펼쳐지고 있음에 주목하자. 비교적 탁월한 내신이 아니고 재수생임에도 불구하고 합격할 수 있었던 비밀은 바로 여기에 있다.

"교과와 연결되는 활동을 학생부에 잘 드러나도록 했다"

- **합격 정보** 연세대학교 화학과 활동우수형 전형 최종합격
- **고교 정보** 비서울 일반고
- **교과 내신**(전체 평균) 내신 1.34

학년	내신 변화	수상 경력	봉사 활동
1	1.24	4개	5시간
2	1.47	4개	54시간
3	1.5	2개	–

● 수상 경력

활동 종류	활동명
주요 수상 및 대회 참여	1학년 교과우수상 (수학Ⅰ, 과학, 생명과학Ⅰ, 실용영어Ⅱ 등)
	2학년 교과우수상 (화학Ⅰ, 확률과 통계, 미적분Ⅰ, 영어Ⅰ 등)
	3학년 교과우수상 (생명과학Ⅱ, 심화영어)
	건축물 모형 디자인 제작 경진대회
	발명 아이디어 경진대회 참여 (수상 ×)
	탐구실험대회 (교내 과학 경시대회)
	과학탐구대회 융합과학 부문

1. 물론 이제는 별로 중요하지 않은 이야기니, 이 사례도 참고만 하자. 수상 실적에서 보면 알 수 있듯이, 내신 성적이 좋은 학생임에도 불구하고, 교내 수상의 개수가 39장 정도다. 보통 강남권이나 학생부종합전형을 잘 대비해준다는 학교에 비해 상의 개수가 적다. 수상이 적은 데에서 학교가 교과 외적인 활동을 별로 지원하지 않는다는 것을 어렴풋이 알 수 있다.

2. 내신이 좋은 만큼 다양한 교과군에서 교과 우수상을 탔는데, 학생이 지원하고자 하는 화학계열 전공에 대한 우수성을 보여줄 수 있는 화학, 생명과학 관련 교과군이 탁월하다.

3. 영어 교과군도 우수하다. 2번보다 중요하지는 않지만, 화학 생명과학 관련 교과는 영어를 기반으로 학습하는 경우가 많다는 점에서 우수한 영어 관련 성과는 긍정적인 평가를 줄 근거가 된다.

4. 각종 과학 경시대회에서 수상한 경력이 눈에 띄지만 실제로 자기소개

서 작성에 거의 활용되지 않았다. 다른 합격자 대부분 마찬가지지만, 자기소개서에는 활동 과정과 느낀 점이 중요한데, 경시대회에서 수상하려고 특별 활동을 하거나, 상을 탔다고 특별히 느낀 점이 생기기란 현실적으로 어렵기 때문에, 자기소개서에 주요 활동으로 부각시켜서 작성하지는 않는 편이다. 다만 전공 관련 경시대회에서 수상했다면 이는 당연히 전공에 대한 관심과 역량을 입증할 수 있는 근거가 되므로 긍정적 평가 대상이다.

5. 발명 아이디어 경진대회에는 참여만 하고 수상은 하지 못했는데, 후에 자기소개서에 실패를 겪고, 실패에서 배움으로써 다음 대회에서 그 점을 보완해 더 나은 결과를 만들어냈다는 내용을 담았다. 수상하지 못했더라도, 나름대로 대회에 참여하면서 얻은 것이 있다면 반드시 정리해두자. 자기소개서를 쓸 때 좋은 소재가 된다.

● **진로희망사항**

학년	진로 희망	희망 사유[요약]
1	화학자	『양초 한 자루에 담긴 화학이야기』를 읽고 여러 과학원리를 탐구하며 화학에 관심을 갖게 됨.
2	신약개발연구원	생명과학과 화학에 관심이 많다. 여러 과학 분야가 융합적으로 필요한 약학에 관심이 생겨 가족이 앓는 병을 치료하는 약을 개발하는 연구원이 되고자 함.
3	신약개발연구원	

1. 이제는 독서 기록 칸에 독서를 한 계기나 내용을 적을 수 없기 때문에

진로에 영향을 준 독서가 있다면 독서 활동을 진로 희망 사유 칸에 기록해 어떻게 진로와 연관이 있는지 써주는 것도 좋은 학생부 서술이라고 할 수 있다.

2. 진로가 화학자에서 신약개발연구원으로 바뀌었는데, 왜 그 진로를 선택했는지 이유를 명확히 밝히고 있다. 진로가 구체화되는 경우라고 해도 명확하게 이유를 밝혀주면 왜 이 진로를 선택했는지 평가자가 이해할 수 있는 좋은 자료가 된다. 가족의 직업에 영향을 받았다는 내용은 조만간 기재 금지가 될 가능성도 높고 민감한 내용이므로 배제하는 것이 좋다.

3. 물론 이제는 진로희망사항이 사라진다. 이제는 이런 내용들을 정리하여 진로활동 등에 포함시켜야 한다.

● 창의적 체험활동상황 – 1학년 자율 활동

활동 종류	활동명[가제] + 활동 내용[요약]
자율 활동	[과학 발명 경진대회] 여름에 교실에 해충이 많아 불편해하는 친구들을 보며 교실 방충망에 전기 파리채를 결합한 '전기 방충망 시스템'을 만들었음. 경제성을 지적받아 수상은 하지 못했지만, 이를 통해 발명에 경제성이 필요함을 깨달음.

2016년부터는 자율 활동 칸에 교내 대회도 기록하지 못하게 됐기 때문에 이제는 수상이나 대회 참여를 아예 기록하지 못한다. 하지만 수상하지 못한 대회라도 다음과 같이 자기소개서에 발전하는 모습을 보여주는 사례로

사용해 좋은 평가를 받을 수 있었다. 따라서 수상하지 못했거나 성과가 뚜렷하지 않은 자율 활동이더라도 기록하는 습관을 들일 필요가 있다.

자기 소개서

발명 경진대회에 참가했을 때, 야자시간 해충과의 사투로 지쳐 있던 반 친구들을 떠올리며 방충망에 전기 파리채의 원리를 더한 발명품을 만들기로 했습니다. 독창적인 발명이라고 자만했지만 경제성 문제를 지적받아 떨어졌습니다. 발명은 기존 문제점을 해결하는 과정인데, 오히려 발명으로 또 다른 문제를 만든 셈이었습니다. 다시 도전한 대회에서는 사용자 입장에서 발명품을 계속 사용해 보면서 문제점을 미리 발견하기로 했습니다. 다음 해에 걸음걸이 교정기를 만들기로 한 저는 경제성을 먼저 고려해 값이 저렴한 LED와 압전소자를 1개씩만 사용해 발명품을 만들기로 했습니다. (…)

● 창의적 체험활동상황 – 2학년 동아리 활동

활동 종류	활동명[가제] + 활동 내용[요약]
동아리 활동	[과학동아리 D**] 실험 후 탐구 활동 보고서를 작성함. 실험에서의 문제를 잘 찾아내고 새로운 방법을 제시하는 창의력이 돋보임. 은 거울 반응 실험에서 실험의 화학식을 정확히 표현했고, 질산납 수용액과 요오드화 칼륨 수용액의 비율에 따른 침전물의 비율을 화학식을 사용한 이론적 수치와 비교하고 그 차이의 원인을 밝히려고 조원들과 활발히 토론하고 협의함.

1. 단순히 'A를 했음, B를 했음'과 같은 활동 중심의 서술에서 벗어나 각 활동 안에서 학생이 어떤 역할을 맡았는지, 안에서 어떤 능력을 활용

했는지가 드러나도록 서술하고 있다.

2. 활동을 통해 '논리성이 증진됨, 협력이 증진됨'과 같이 막연하게 능력을 서술하기보다 대단한 활동은 아니지만 구체적으로 어떤 화학식을 알았고, 어떤 주제를 가지고 다른 팀원과 협의하고 토의했는지 등을 밝힘으로써 평가자가 학생의 활동을 좀 더 구체적으로 확인하고 평가할 수 있게끔 했으므로 긍정적이다.

● 창의적 체험활동상황 – 1학년, 2학년 봉사 활동

활동 종류	활동명[가제] + 활동 내용[요약]
봉사 활동(1학년)	체육대회 후 대청소 대청소 등 총 5시간
봉사 활동(2학년)	멘토–멘티 프로젝트 봉사 (동급생 학습 지도) 헌혈 과학실 정리정돈 등 총 54시간

1. 자기소개서 3번에 학생부에 기록된 봉사 활동만 써야 하는 것은 아니다. 오히려 신선한 소재를 찾아서 쓰는 편이 더 유리할 수 있다. 이 학생은 '환경 UCC' 만들기 활동을 나눔과 연결 지어 자기소개서에 담았다.

자기 소개서

올해 봄철, 학생들은 미세먼지가 4일 연속 '나쁨'인 것도 개의치 않고 운동장에 축구를 하러 나가곤 했습니다. 저는 학생들을 대상으로 하는 미세먼지 교육이 부족하다고 느꼈고, 보건선생님의 조언을 받아 미세먼지 교육영상을 만들기로 했습니다. (…) 문제제기를 통해 알게 된 사실을 탐구해 친구들에게 영상자료로 전달한 경험은 이후 연구결과를 다른 사람에게 소개할 때나 프로젝트를 발표할 때 밑바탕이 될 것입니다.

● 창의적 체험활동상황 – 3학년 진로 활동

활동 종류	활동명[가제] + 활동 내용[요약]
진로 활동	[진로 활동] 서울대학교 토요 과학 공개강좌를 신청해 자신의 진로인 신약 개발 연구원이 되는 데 필요한 화학과 생명 과학 강의를 듣고, 기존 신약 개발 방법의 문제점, 새로운 기술 등장에 따른 새로운 신약 개발 방법과 부작용을 최소화하는 방법 등을 배우는 기회를 마련함. 미래의 신약 개발자로서 본인에게 필요한 것이 무엇인지 다시 한 번 생각해보는 계기가 되었다고 함.

1. 학교에서 선발돼 서울대에서 진행한 특강에 참여한 기록이 상세하게 진로 활동 칸에 남아 있다. 원래는 진로 활동 칸에 거의 복사 – 붙여넣기 된 내용만 있었으나 3학년 때 자기소개서를 작성하며 함께 추가한 내용이다.

2. 단순히 강의를 들었다는 사실보다 강의에서 본인이 중점적으로 알아낸 내용이 무엇인지 상세히 서술하고 있다. 후에 이런 깨달음을 교과 과정과 연결해 보고서를 작성함으로써 화학Ⅱ 세부능력 및 특기사항 칸에 기록되었고, 이것이 자기소개서로 이어졌다.

● 교과학습발달상황 – 1학년 [평균 내신 : 1.24]

과목	석차 등급	과목	석차 등급	과목	석차 등급
국어 I, II	1	수학 I, II	1	실용영어 I	1
영어 독해와 작문	1	한국사	2	과학	1

● 교과학습발달상황 – 2학년 [평균 내신 : 1.47]

과목	석차 등급	과목	석차 등급	과목	석차 등급
문학	2	미적분 I, II	1	영어 I	1
물리 I	1	화학 I	1	영어 II	2

● 교과학습발달상황 – 3학년 [평균 내신 : 1.5]

과목	석차 등급	과목	석차 등급	과목	석차 등급
화법작문	1	기하벡터	2	심화영어	1
화학 II	2	생명과학 II	1	일본어	2

1. 내신은 미세하게 떨어지는 추세지만, 요즘 내신이 떨어졌다고 크게 문제 삼지도 않고, 오른다고 해서 그 사실만으로 학생을 높게 평가하는 기계적 평가도 하지 않기 때문에 추이에 특정한 이유가 있지 않다면 큰 의미는 없다.

2. 모든 주요 교과 성적이 우수하고, 기타 과목이 간혹 2등급인 경우가 있으나 5등급이나 6등급같이 불성실하게 시험을 치른 것이 아니라서 크게 문제 삼을 부분이 없다.

3. 과학 과목 성적이 두드러지게 1등급을 계속 기록하고 있고, II과목에서

도 좋은 성취를 거두었기 때문에 화학계열을 지망하는 학생으로서 수학능력이 상당히 긍정적으로 평가될 것이다.

과목명	세부능력 및 특기사항[요약]
화학Ⅰ	기체 방전관 실험을 하면서 에너지의 양자화를 더 탐구해보고 싶다는 생각이 들어 '에너지의 양자화'를 주제로 친구들 앞에서 발표함. (…) 『뉴턴 하이라이트 이온과 원자』라는 책을 읽는 등 지적호기심이 매우 강한 학생임. 전기 음성도와 전자 친화도의 주기적 변화 탐구 활동에서 팀원들에게 자신의 지식을 나누고 모든 팀원이 해당 내용을 이해하도록 자신의 시간을 할애하는 등 이타심과 리더십이 돋보이는 학생임.
미적분Ⅱ	삼각함수와 방정식 단원의 수행평가 예시문항을 잘 해결했고, 이를 공개게시판에 근거를 들어가며 설명했으며, 물어보는 친구들에게 다시 설명하는 친절을 보임. 도움을 받은 친구로부터 삼각함수의 변형을 잘 설명해줘 고맙다는 인사를 받고 뿌듯함을 느꼈고 보람됐다고 말함.
화학Ⅱ	(윤문됨) '서울대학교 토요 공개 특강'에서 '화학과 생명의 인터페이스' 강연에 참여해 신약 개발 과정, 기존 신약 개발법의 문제점, 환경에 따라 변화하는 유기 형광물질을 통해 신약 개발 과정에서 부작용을 최소화하는 방법 등을 알게 되었다고 함. 이에 그치지 않고 강연에서 배운 분자모델링 방법을 교과서에서 찾아 공부하다가 3차원 구조의 분자를 배열하는 데 기본이 되는 VSEPR이론과 화학Ⅰ 오비탈의 심화내용인 혼성오비탈을 탐구해 이를 '분자모델링, VSEPR이론과 혼성오비탈'이라는 탐구보고서로 작성해 제출할 만큼 화학에 열정이 뛰어나고 호기심을 해결하고자 하는 자세가 돋보이는 학생임.

1. 화학Ⅰ 세특은 학생이 발표한 주제와 발표를 하게 된 계기 등이 명확하게 기록돼 있기 때문에, 적극적으로 지식을 탐구하고 또 남들과 나눌 줄 아는 학생임이 구체적으로 드러나는 좋은 기록이다. 또한 학생이 읽은 책이 나와 있는데, 이는 학생이 그만큼 선생님과 많이 교류했다는 증거다. 선생님이 학생이 읽는 책을 관찰하고 적어준 것이라고 볼 수 있

기 때문이다. 현실적으로 선생님이 모든 학생이 어떤 책을 읽는지 관찰하기란 거의 불가능에 가깝기 때문에 교과와 관련해 책을 읽고 있다면 반드시 담당 선생님께 말씀드리고 간단한 독후감이나 보고서를 제출해 기록에 남길 수 있도록 하는 것이 바람직하다. 독서 활동 칸에만 기록된 독서는 이제 큰 의미를 갖기 어렵다고 말한 파트 2를 상기해보자.

2. 화학I, 미적분II의 서술에서 공부도 잘하지만 친구들과 관계도 원만히 유지해나가는 인성 좋은 학생의 이미지도 엿볼 수 있다. 협력과 나눔을 실천하는 학생의 모습이 잘 평가됐다. 특히 봉사 활동이 부실하다면, 세부능력 및 특기사항 칸에 기록된 과목부장으로서의 경험이나 남들에게 문제를 잘 알려준 경험 등을 자기소개서 3번의 소재로 활용할 수 있다. 과목부장을 했거나, 친구를 도와준 경험이 있다면 구체적으로 서술될 수 있도록 조치하는 것이 좋다.

3. 화학II 서술은 이 책의 파트 2에서도 소개한 만큼 상당히 좋은 서술이다. 강연 내용이 진로 활동으로 끝나지 않고, 화학 교과 공부로 이어지고, 또 지적 호기심과 적극성을 발휘해 보고서까지 이어진 기록을 담고 있다. 방학이 끝나서 자기소개서를 쓰다가 활동이 부족함을 느끼고 세부능력 및 특기사항에 추가한 기록인데, 실제로 제약과 화학 교과서 내용을 엮어 보고서를 썼고, 연세대 면접에서 많은 관심을 받았다. 단순히 교과과정에서 '무엇을 배웠다'는 서술보다 다양한 활동을 교과에서 배운 개념과 연관 짓고, 이를 보고서로 쓰고 발표하는 성과를 남겼다는 서술이 요즘 좋은 평가를 받고 있다. 눈길을 끌 만한 보고서나 독후

감을 썼다는 내용은 요즘 면접에서 단골 질문으로 등장하기 때문에 반드시 실제로 한 활동이 세부능력 및 특기사항 칸에 기록되도록 해야 한다.

● **독서활동상황**

학년	독서활동상황[일부]
1	공기로 빵을 만든다고요?(여인형) 재밌어서 밤새 읽는 화학이야기(사마키 다케오) 양초 한 자루에 담긴 화학 이야기(마이클 패러데이) 공기의 발명(스티븐 존슨) 필수원소(매트 트위드) 다윈의 식탁(장대익) 복제는 정말로 비윤리적인가?(로렝 드고)
2	빛의 물리학(EBS 다큐프라임 제작팀) 모든 순간의 물리학(카를로 로벨리) 노벨상이 만든 세상 화학(이종호) 이중나선(제임스 왓슨) 뉴턴 하이라이트 : 이온과 원소
3	페스트(알베르 카뮈) 질병의 탄생(홍윤철) 의약에서 독약으로(미켈 보쉬 야콥슨)

1. 독서활동상황은 독서 양보다 ① 학생이 어떤 관심사를 가지고 사는지, 그리고 ② 어느 정도 수준의 책을 읽고 공부할 수 있는 학생인지를 평가하는 지표인데, 이 학생은 다양한 책을 읽기보다 '화학'에 주된 관심을 두고 독서를 했다. 양 자체는 많지 않다.

2. 다른 색으로 표시한 책들에서 볼 수 있듯이, 세부능력 및 특기사항, 진

로 희망 사유 등에 언급되는 책들이 독서 활동 칸에도 들어 있어 학생부만으로도 왜 저 책을 읽었는지, 무엇을 배웠는지 알기 용이하다.

3. 1학년에서 2학년으로 올라가면서 꿈이 신약 개발 분야로 바뀌면서 화학에 대한 관심과 더불어 의약, 생명과학 관련 독서가 생기고 있는 것도 관찰할 수 있다.

4. 에세이나 자서전과 같이 쉽게 읽히는 책만 읽기보다 학생에게 다소 도전적인 책도 읽어볼 것을 서울대는 추천하고 있다.

총 평

연세대학교는 내신을 굉장히 중요한 평가요소로 보고 있다. 하지만 최근 들어 선발인원이 증가하고 면접의 영향력이 커지면서 기존에 합격하지 못하던 1등급 후반대의 학생이 합격하는 경우도 늘고 있다. 내신이 다소 떨어지지만 연세대학교에 합격한 학생의 주된 특징은 전공적합성을 보여주는 전공 관련 교과 성적이 높게 유지되고, 세부능력 및 특기사항에 전공과 관련한 주도적 활동(교과 개념을 심화한 독서, 보고서 등)이 있어서 면접에서 높은 관심을 보인 경우가 많았다. 이 학생도 기존에 연세대에 합격한 학생에 비해 내신이 훌륭한 편은 아니지만, 합격할 수 있었던 가장 중요한 열쇠는 교과와 연결되는 활동이 학생부에 기록으로 잘 드러나 있었다는 점이다.

"꿈이 바뀌었으나 일관되게 노력했음을 보여 주었다"

- **합격 정보**   성균관대학교 사회과학계열 성균인재 최종합격
  고려대학교 보건정책관리학부 고교추천2 최종합격
- **고교 정보**   비서울 일반고
- **교과 내신**(전체 평균)   내신 1.67

학년	내신 변화	수상 경력	봉사 활동
1	2.08	8개	42시간
2	1.72	12개	46시간
3	1.5	13개	33시간

● 수상 경력

활동 종류	활동명
주요 수상 및 대회 참여	1학년 교과우수상 (사회, 윤리와 사상, 기술 가정 등)
	2학년 교과우수상 (미적분, 한문 등)
	3학년 교과우수상 (고전, 생활과 윤리)
	프로젝트 탐구활동보고서 쓰기 대회 (고전에 현대 법 적용하기)
	고전 독서 토론대회
	주제별 체험학습 탐구보고서 쓰기 대회
	○○○○ 모범상 멘토부문 (우수 멘토에 대한 시상)

1. 교과 우수상으로 사회 교과군에서 우수한 성적을 보였다는 것이 확인된다. 사회과학 계열을 지망하는 학생이기 때문에 사회 교과군에서 우수한 성과를 거두면 전공적합도 면에서 긍정적이다.

2. 토론 대회에서 우수한 성과를 거두었는데, 이는 뒤에서 소개할 토론 동아리 활동과 더불어 논리적인 사고를 할 줄 아는 학생임을 보여주는 근거가 된다.

3. 프로젝트 탐구보고서 대회에서 수상했는데, 역시 사회과학 계열과 관련해 나름대로 호기심을 가지고 연구할 수 있는 학생이라는 평가를 할수 있으니 긍정적인 요소다.

4. 단, 탐구보고서 수상만으로는, 다른 사례에서도 지적했듯이, 어떤 탐구보고서인지 알 수 없기 때문에 반드시 동아리나 자율 활동 등의 칸에언급하든지, 적어도 자기소개서를 통해 어떤 과정을 거쳤고, 어떤 노력을투입해 위와 같은 결과를 냈는지 설명해주어야 수상의 의미가 있다.

● 진로희망사항

학년	진로 희망	희망 사유[요약]
1	검사	국민으로서 배움을 통해 국가 발전 및 사회 질서를 유지하는 역량을 펼칠 수 있는 직업이기에 검사를 꿈꿈. 국가에 일익이 되는 인재가 되고 싶다는 포부를 바탕으로 하며 법적 기초소양 및 다양한 지식이 있는 본인이 검사에 적합하다고 생각함.
2	검사	
3	정책 연구원	법이 아니라 사회 정책 연구와 집행으로도 사회에 도움이 필요한 사람들을 실질적으로 도울 수 있다는 생각을 하면서 국가 정책을 연구하는 정책 연구가가 되기로 결심함.

1. 위 학생은 검사가 꿈인 학생이었다. 하지만 법학과가 대부분 사라지는 바람에 행정 등 유사한 다른 학과에 진학하고자 꿈을 조금 수정했다. 1, 2학년 때와 꿈이 달라졌다. 그래서 왜 법이 아니라 정책을 공부하고자 하는지, 이 변화를 자세히 설명하고 있다. 꿈이 바뀌는 것은 전혀 문제가 되지 않으나 왜 꿈이 바뀌었는지 명확히 설명하는 편이 서류를 평가하는 사람의 입장에서 좋다.

2. 개정 이후에는 어떻게 해야 할까? 이 사례에서 희망사유에 들어간 내용들을 진로활동에 적절히 녹여내는 것이 가장 좋겠다.

3. 이제는 진로희망사유 칸이 사라졌으나 학생의 변화는 매우 중요하므로 진로활동 칸에 포함되도록 노력해야 한다.

● 창의적 체험활동상황 – 1학년 진로 활동

활동 종류	활동명[가제] + 활동 내용[요약]
진로 활동	진로 독서 활동 시간에 『판사, 검사, 변호사가 말하는 법조인』이라는 책을 읽고 법조인에게는 상황을 바라보는 통찰력과 신중한 결정력이 필요하다는 것을 깨닫고, 자신의 진로에 대한 확신을 얻음.

1. 자신의 진로에 맞게 책에서 진로를 탐색하려 한 노력이 구체적인 독서 내용과 함께 드러난다. 의미 없는 적성검사 내용이나 강연을 들었다는 식의 단순 서술에 비해 학생이 진로를 진지하게 고민하고 있다는 모습이 드러나 있으므로 '진로 성숙도' 측면에서 긍정적인 평가요소다.

2. 반복하여 얘기하지만, 결국 독서 활동 칸에는 제목과 저자만 기록할 수 있기 때문에 진로 활동 칸 등에서 책을 읽은 이유와 느낀 점을 서술해줌으로써 연결성 있는 학생부를 만들어야 한다. 이 학생의 경우, 그런 점이 반영돼 긍정적이다.

3. 다만, '신중한 결정력'처럼 막연한 표현보다 법과 정치 과목을 더 열심히 공부하는 계기가 된 점, 법이나 논리학을 공부하고자 ○○○ 같은 책을 찾아 스스로 공부한 점, ○○○ 동아리를 설립해 활동하는 계기가 된 점같이 더 다양하고, 구체적인 활동으로 이어지는 모습이 진로 활동 칸에 담겼다면 더 좋았을 것으로 보인다.

4. 이 부분을 제외하면 진로 활동 칸이 쓸데없는 복사─붙여넣기 내용으로 구성돼 있는데, 진로 동아리를 진로 활동에 서술하거나, 진로가 바뀌고 성숙해짐에 따라 더 다양한 책이 등장했다면 더 좋은 서술이 되었을 것이다.

● 창의적 체험활동상황 – 1학년, 2학년 동아리 활동

활동 종류	활동명[가제] + 활동 내용[요약]
동아리 활동 (1학년)	[인문창조반] 동아리 총무를 맡음. '금융자본과 규제 법규의 상관관계 분석' 탐구 결과를 소논문으로 작성함. 금융자본의 오용을 방지해야 할 필요성에 따라 법적 규제의 방향성 및 규제 강도를 연구하며 금융위기와 법의 상관관계를 탐구하고 금융자본의 악영향 방지책에 초점을 맞춰 윤리적 경영 방침 및 향후 실정법의 발전 방향에 대해 탐구함.
동아리 활동 (2학년)	[인문창조반2] 고전 및 현대문학 작품 속 인물의 행위를 분석함. 분석 과정에서 현대사회의 법을 적용해봄으로써 본인의 관심 분야인 법학에 대한 이해도를 높임. [클러스터] 'SNS관련 법안 제정의 필요성과 전망'에 대한 주제 발표를 통해 인권보호의 중요성을 이해하고 법질서 확립과 시민권 보호를 위해서는 적극적인 준법이 필요함을 깨달음. [범죄심리동아리] 범죄자의 심리에 관심이 있는 학생들이 매주 금요일에 범죄와 심리학 관련 도서를 읽으며 자발적으로 독서 토론 활동을 전개함.

1. 1학년 때의 동아리 서술은 나름 어떤 활동을 했는지 보이지만 이 책을 제대로 읽은 독자라면 좋지 않은 서술임을 알 수 있을 것이다. 어떤 활동을 했는지는 알 수 있지만, 그래서 이 학생이 어떤 장점을 갖고 있고 어떻게 성장했는지 전혀 알 수 없는 기록이기 때문이다. 이는 교사가 평가를 못한 부분도 분명 있겠지만, 1학년일 때라 주도적이기보다는 선배들에게 끌려 다니느라 주체성을 발휘하기 어려웠음을 의미한다. 주로 1학년 때 기록에 이렇게 활동 위주의 무미건조한 서술이 있는 경우가 많은데, 항상 어떤 활동을 했다면 그 활동을 한 계기를 적어 놓거나 계기가 없다면 적어도 활동하고 나서 알게 된 것, 성장한 분야들을 담당 선생님께 어필해서 구체적인 모습이 서술되도록 하는 것이 좋다.

2. 2학년 때는 동아리도 다양해지고, 활동 안에서 학생의 모습이 비교적 잘 드러나는 서술이 나타난다. 본인의 관심 분야가 무엇인지와 어떤 보고서를 냈고, 그 보고서를 통해 무엇을 배웠는지 어렴풋이 드러나서 1학년에 비해 비교적 긍정적이다.

3. 하지만 어떤 작품에 어떤 법을 적용해 무엇을 알게 됐는지, 어떤 심리학 관련 도서를 읽고, 무엇을 배웠는지 등을 더 구체적으로 작성했더라면 더 좋은 서술이 됐을 것이다.

● 창의적 체험활동상황 – 1학년, 2학년, 3학년 봉사 활동

활동 종류	활동명[가제] + 활동 내용[요약]
봉사 활동 (1학년)	장애인 학습지원 교내 멘토-멘티 프로그램 교내 청소 장애인 시설 방문 봉사 (말벗, 생활지원, 간식 나눔 등) 등 88시간
봉사 활동 (2학년)	장애인 학습지원 교내 멘토-멘티 프로그램 교내 청소 장애인 시설 방문 봉사 (말벗, 생활지원, 간식 나눔 등) 등 111시간
봉사 활동 (3학년)	장애인 학습지원 교내 멘토-멘티 프로그램 교내 청소 장애인 시설 방문 봉사 (말벗, 생활지원, 간식 나눔 등) 등 42시간

1. 특별한 것 없는 봉사 활동이지만, 교내 프로그램과 별도로 장애인 시설을 3년간 꾸준히 방문했다는 사실이 인상적이다. 아주 특별한 경험이 아니라면 꾸준히 진행한 봉사 활동이 진정성 있게 평가된다. 특히 3학년 때도 지속적으로 봉사가 이어졌다는 점이 그 진정성을 뒷받침한다.

2. 장애인 시설에서 봉사하며 우리나라의 장애인 정책에 대한 자신의 생각을 나름 정리했는데, 이를 아래처럼 자기소개서 3번 문항에 썼다. 봉사 활동도 다른 여러 활동과 마찬가지로 그 활동 자체로 의미가 생기는 것이 아니라 활동에서 배우고 느낀 점 때문에 의미가 생긴다는 점을 항상 기억해야 한다. 그렇지 않고 시간만 때우는 봉사는 큰 의미가 없다.

자기 소개서

(…) 현재 많은 복지 정책이 존재함에도 불구하고 이들을 실제로 돕지 못하는 정책이 많다는 것을 알게 되었습니다. 그래서 정책을 만드는 입장에서 가장 먼저 고려해야 할 것은 정책의 혜택을 받을 대상자를 정확하게 파악하는 노력이라는 것을 깨달았습니다. 또한 이들과 간접적인 관계를 맺어서는 그들이 어떤 것을 진정 필요로 하는지 알 수 없기 때문에 그들과 가까운 곳에서 지속적으로 소통해야 함을 느꼈습니다. 그래서 실제 3년 동안 봉사하면서 밀접한 관계를 형성하려 노력했고, 서로 마음의 문을 열어 지금은 더할 나위 없는 친구 사이가 되었습니다. 앞으로 보건 복지와 관련한 정책을 만들게 된다면 혜택을 받을 사람을 먼저 파악해 실질적으로 도움을 줄 수 있게 만들자는 다짐을 했습니다.

● 창의적 체험활동상황 – 2학년 자율 활동

활동 종류	활동명[가제] + 활동 내용[요약]
자율 활동	학생회 생활부 차장으로서 매주 등교맞이와 교통안전도우미를 하며 안전한 등굣길이 되도록 노력함. (…) 교육공동체 대토론회에 참석해 학교생활 인권 규정을 잘 지킬 수 있는 실천방안을 제시함.

1. 활동 위주로 서술이 돼 있고, 활동 속에서 학생의 역할이 명확히 드러나지 않기에 학생에 대한 정보를 알 수 없는, 좋지 못한 자율 활동 서술이다. 더 좋은 평가를 받으려면 등교맞이, 교통안전도우미, 대토론회에서 어떤 역할행동을 구체적으로 했는지가 드러나야 하고, 나아가 그를 통해 무엇이 성장했고 무엇을 느꼈는지 더 구체적으로 쓰여야 한다.

2. 실제로 단순히 학생회에서 활동하고, 대토론회에 참여만 한 것이 아니라, 학생회에서 친구들 등교지도를 한 경험을 바탕으로 더 현실적인 교칙을 만들자는 교칙 개정 운동을 한 활동이 있고, 자기소개서에서도 소개하고 있다. 정책 관련 학과를 진학하는 학생이라면 교칙을 개정하는 등의 활동이 매우 중요하게 쓰일 수 있는데, 그런 역할을 전혀 알 수 없어서 더욱 아쉬운 서술이다.

자기 소개서

학생회에서 바른생활부 차장을 맡아 매주 월요일 교문 앞에서 교복을 검사하는 활동을 하면서 교복을 제대로 입지 않고 등교하는 학생이 많다는 문제를 인지하게 되었습니다. (…) 학생이 지킬 수 있는 범위 내로 교칙을 수정하자는 활동을 이끌었습니다. 이후 학생들이 원하는 부분을 반영해 교칙을 개정하고 교복입기 캠페인을 실시한 결과 교복과 관련한 문제의 발생 빈도가 줄어들었습니다. 작은 사회라고 불리는 학교에서 문제를 인식하고 이를 해결하는 방법을 직접 제시해 실제로 좋은 결과를 만들어낸 (…) 경험이었습니다.

● 교과학습발달상황 – 1학년 [평균 내신 : 2.08]

과목	석차 등급	과목	석차 등급	과목	석차 등급
국어 I, II	3	수학 I, II	2	실용영어 I, II	2
사회	1	한국사	2	윤리와 사상	1

● 교과학습발달상황 – 2학년 [평균 내신 : 1.72]

과목	석차 등급	과목	석차 등급	과목	석차 등급
고전	1	미적분 I	1	영어 I	2
생활과 윤리	2	세계사	1	과제연구	– (사회학)

● 교과학습발달상황 – 3학년 [평균 내신 : 1.5]

과목	석차 등급	과목	석차 등급	과목	석차 등급
화법작문	1	확률과 통계	2	영어 II	1
사회문화	1	한국지리	2	일본어	2

1. 내신은 미세하게 오르는 추세이지만, 요즘 내신이 떨어진다고 크게 문제 삼지도 않고, 오른다고 해서 그 사실만으로 학생을 높게 평가하는 기계적 평가도 하지 않기 때문에 추이에 특정한 이유가 있지 않다면 큰 의미는 없다.

2. 주요 교과 성적이 꽤 우수하고, 사회 과목에서 높은 학업 성취가 보인다. 단순히 주어진 것을 공부하는 데에서 그치지 않고, 과제를 연구하며 사회를 더 깊게 공부하는 클러스터 동아리에 참가해 강의를 듣고 탐구활동을 진행한 점이 사회에 대한 관심과 전공에 대한 열정, 적합성을 보여준다.

3. 암기 과목이나 기타 과목에서도 동떨어지게 성적을 낮게 받은 과목이 없는 것으로 보아 꽤 성실하게 학교생활을 했음을 알 수 있다.

과목명	세부능력 및 특기사항[요약]
교내 인문학특강 참가기록	'법, 정의, 그리고 법관' 등을 듣고 『정의란 무엇인가』에 대한 깊이 있는 논의를 했고, 풍속화 속에 담긴 양반사회의 운치 있는 삶의 모습을 살펴보았으며, 경제학을 통해 우리 경제의 미래 트렌드를 알아보는 시간을 가짐.
과제연구 (사회학 클러스터)	(…) 'SNS 관련 법안 보완의 필요성과 전망'을 주제로 소논문을 작성했고, 과제연구 구상 학생 중 우수보고서로 선정됨. '나와 사회 그리고 행복 특강'에 참가한 후 행복에 대한 자신의 주장을 논리적 근거를 가지고 설득력 있게 서술함.
생활과 윤리	수업시간 모둠장 역할을 수행하는 능력이 탁월함. '자살 안락사 뇌사의 윤리적 쟁점'에 대해 발표함. (…) '공정무역과 윤리적 소비'에 관해 모둠 발표를 준비해 발표함. 공정 무역이 갖는 윤리적 의의 및 공정무역이 정의로운 경제체제 구축과 인류 인권 향상에 기여하는 점을 강조해 윤리적 소비를 실천하자고 주장함.
사회 문화	(…) 사회 보장 제도 단원을 배우면서 최근 부양의무제의 단계적 폐지를 기능론적 관점에서 고찰하는 보고서를 작성함. 『어떤 복지국가에서 살고 싶은가?』를 읽으며 복지제도를 만들 때 어떤 점을 고려해야 하는지 깊이 있게 고민할 만큼 사회를 더 나은 곳으로 만드는 법과 정책을 만드는 데에 관심이 많음.

1. 교내 인문학 특강에 참여한 기록에서 1학년 때부터 사회 교과에 대한 관심은 물론 본인의 진로 희망이던 법조인에 대해 나름 진로 탐색을 한 모습이 드러나므로 긍정적이라고 볼 수 있다. 하지만 조금 더 구체적으로 법조인이 되는 데 필요한 자질을 갖췄다거나, 법조인으로서의 구체적인 목표를 세웠다는 등 실제 강연을 듣고 어떻게 학생이 변화했는지 기록했다면 더 좋은 서술이었을 것이다.

2. 과제연구는 의무적으로 수강하는 과목이 아니기 때문에 수강사실 자체만으로도 사회과목에 대한 관심을 드러낼 수 있다. 다만 'SNS 탐구 보고서'처럼 본인이 비중 있게 참여한 활동이라면 과정과 성장점을 드러내 특징을 주는 편이 활동을 나열하는 편보다 더 좋은 평가를 받을 것이다. 다만 2022년 개편 이후에는 소논문 활동들의 경우 원칙적으로는 기재할 수 없기 때문에, 탐구 활동 정도로 순화될 가능성이 높겠다.

3. 학생이 어떤 부분을 구체적으로 배웠고, 배운 것을 바탕으로 발표하고자 했는지가 드러나 있어서 긍정적이다. 또한 지속적으로 인권과 법에 관심을 가져온 만큼 '생활과 윤리' 과목에서 진로와 관련된 부분에 관심을 갖고 공부해왔음도 알 수 있다. 하지만, 학생이 독서활동상황에 언급한 『정의론』이나 『정의란 무엇인가』와 같은 독서 내용이 세부능력 및 특기사항에 서술이 됐더라면 더 긍정적인 평가가 가능했을 것이다.

4. 사회문화는 자기소개서를 쓰다가 독서를 하고 보고서를 작성해 세부능력 및 특기사항에 활동을 추가한 케이스다. 사회문화 속 개념에서 지적 호기심을 발휘해 사회 현상과 연관 지어 보고서를 썼다는 내용으로, 지

적 호기심의 흐름이 잘 드러난다. 호기심을 해결하는 과정에서 독서를 했고, 이를 진로와 연결 지어 활동했으므로, 사회에 관심이 많고 호기심을 보고서라는 결과물로 만들 수 있는 적극적인 학생이라는 인상을 준다.

● 독서활동상황

학년	독서활동상황[일부]
1	죄와벌(도스토예프스키) 행복이란 무엇인가(탈 벤 샤하르) 청소년을 위한 경제의 역사(니콜라우스 피퍼) 스키너의 심리상자 열기(로렌 슬레이터) 정의란 무엇인가(마이클 샌델)
2	불편해도 괜찮아(김두식) 청소년을 위한 사회학 에세이(구정화) 확신의 함정(금태섭) 프로파일러 노트(로이 해이즐우드 등) 판사유감(문유석)
3	어떤 복지국가에서 살고 싶은가?(이창곤)

1. 주로 사회 교과와 관련된 책을 읽었음을 알 수 있다. 2학년 때는 진로와 관련된 책을 주로 읽었는데『확신의 함정』이나『프로파일러 노트』,『판사유감』과 같이 범죄 수사에 관심을 보이고 있다. 이런 관심은 심리학과 인문 철학 쪽으로도 다소 뻗어가고 있다.

2. 지금은 독서활동상황 칸에 도서 제목만 기재가 가능하기 때문에『청소년을 위한 사회학 에세이』같은 책에 대해서는 과제연구 클러스터 수업

에 대한 세부능력 및 특기사항 칸에 이 책을 읽고 느꼈거나 성장한 점을 함께 써주는 것이 좋다.

3. 3학년 때 꿈이 검사에서 정책 연구원으로 바뀌면서 정책과 관련된 책들을 조금 더 읽었다. 특히 보고서를 쓰면서 읽은 책은 세부능력 및 특기사항에도 비중 있게 서술될 수 있도록 해서 독서에서 의미를 찾고 공부할 수 있는 학생임을 보여주고자 했다.

총 평

진로가 바뀌어도 괜찮다. 3학년 때 급히 진로를 바꾸는 친구들이 1학년과 2학년 때의 학생부 기록이 3학년 때의 꿈과 다르다고 많이 걱정하는데, 입학사정관들은 대부분 학생의 꿈이 바뀔 수 있음을 인지하고 있기 때문에 '그 당시에 자신의 꿈을 위해 어떤 노력을 기울였는지'를 평가하지, 결과적으로 지금의 꿈을 위해 1, 2학년 때 무엇을 준비했는지를 보지 않는다. 이 학생 역시 1, 2학년 때는 검사가 되려고, 그리고 3학년 때는 정책 전문가가 되려고 노력한 과정을 보여주고 있다. 합격의 중요한 열쇠는 ① 각 시기별로 꿈을 위한 노력을 열심히 했는지, 필요한 능력을 기르려고 노력했는지, ② 꿈이 왜 바뀌었는지, 그 이유가 명확한지를 학생부를 통해 얼마나 잘 보여줄 수 있는가이다.

리얼 사례 ⑤

"꿈에 대한 성숙한 관심과 학생부의 기록으로 내신의 약점을 보완했다"

- **합격 정보**   경상대학교 수의예과 기회균등전형 최종합격

  중앙대학교 탐구형인재 창의ICT공과대학 최종합격
- **고교 정보**   비서울 일반고
- **교과 내신(전체 평균)**   내신 1.47 [1.71(전체 평균) 1.47(경상대 기준)]

학년	내신 변화	수상 경력	봉사 활동
1	1.83	8개	19시간
2	1.91	11개	25시간
3	1.68	10개	18시간

● 수상 경력

활동 종류	활동명
주요 수상 및 대회 참여	1학년 교과우수상 (사회, 수학Ⅱ 등)
	2학년 교과우수상 (영어, 지구과학Ⅰ, 심화영어 등)
	3학년 교과우수상 (지구과학Ⅱ, 생명과학Ⅱ, 심화영어독해 등)
	창의인성발표대회
	○○고 창의 아이디어 대회
	교내 토론대회
	○○고 지구과학Ⅱ 논술대회 우수상

1. 1학년부터 3학년까지 보면 과학 과목에서 교과우수상을 받는 비중이 높아지고 있다. 실제로 과학 관련 성적이 1학년에서 3학년으로 올라올수록 높아지고 있는 것으로 봐서 과학에 대한 관심과 이해도도 점점 높아지고 있고, 분야에 대한 잠재적인 성장 가능성이 있다고 평가할 수 있다.

2. 생명과학Ⅱ는 수의예과와 전공적합성도 맞고, 생물체와 관련된 발명을 하고 싶다는 꿈과도 적합하기 때문에 창의ICT 공과대학에 지원한 이유와도 연관성이 있다.

3. '○○고 창의 아이디어대회'는 대회명만으로는 어떤 대회인지, 어떤 노력을 해서 수상했는지 알 수 없기 때문에 어떤 대회였는지를 자기소개서에서 '계기-과정-결과' 순으로 서술해주는 것이 좋다. 세부능력 및 특기사항이나 방과후 프로그램과 연결되는 부분이 있다면 수상은 언급할 수 없더라도, 해당 칸에 어떤 작품을 만들었는지 언급해줌으로써

학생부를 읽는 평가자가 어떤 작품으로 입상했는지 어렴풋이 짐작케 할 수 있다.

● **진로희망사항**

학년	진로 희망	희망 사유[요약]
1	컴퓨터 프로그래머	진로프로그램에서 프로그래머라는 직업을 알았고, 컴퓨터 동아리에서 활동함.
2	수학 교사	스스로 수학공부를 하면서 성적이 오른 경험을 멘토-멘티 활동에서 공유했으며 가르치는 일에 보람을 느낌.
3	수의사	인간에게 반려동물이 갖는 의미에 큰 가치를 느끼고, 유튜브 등에서 수의사라는 직업의 현실을 조사했다. 서적에서 필요한 자질 등 정보를 찾아보며 직업을 깊이 이해하게 됐으며 이를 바탕으로 수의사를 선택함. 그 과정에서 공장식 축산이라는 문제를 해결하는 수의사가 되고자 하는 구체적인 진로 목표도 세움.

1. 꿈이 3년 내내 바뀌었지만, 각각 꿈을 정한 명확한 나름의 이유가 진로 희망 사유 칸에 작성돼 있어 바람직하다. 하지만 1학년과 3학년 진로는 조금 더 구체적으로, 프로그래머라면 어떤 분야의 프로그래머인지, 서적을 읽었다면 어떤 서적인지 등을 제시했다면 더 좋았을 것이다.

2. 상대적으로 가장 중요한 3학년 진로는 단순히 수의사라는 진로를 선택했다는 점뿐 아니라, 진로를 탐색하고자 노력한 과정이 드러나 있다는 점에서 바람직하다.

3. 또 의예과, 간호학과, 수의예과처럼 전문적인 인력을 길러내는 학과에

지망하는 학생들은 꿈도 거의 비슷하게 의사, 간호사, 수의사이기 때문에 의사 중에서도 구체적으로 어떤 분야의 의사가 되고 싶은지, 어떤 모습의 의사가 되고 싶은지 등 진로 성숙도를 보여주는 부분이 주요한 차별점이 될 수 있는데, '공장식 축산 문제를 해결하는 수의사'라는 나름대로 구체적인 진로 희망을 적은 부분이 인상적이다.

이제는 이렇게 진로탐색을 통해 진로가 구체적으로 변하는 과정을 진로활동 칸에 활동을 토대로 담아내야 한다. 이 방법은 진로활동 파트에서 더 자세히 설명할 것이다.

● 창의적 체험활동상황 – 1학년 동아리 활동

활동 종류	활동명[가제] + 활동 내용[요약]
동아리 활동	파이썬 및 자바 프로그래밍 언어를 학습했으며 wix를 이용한 개인 홈페이지 만들기를 통해 UX디자인에 대한 기본지식을 학습했다. (…) 등을 거쳐 UX디자인을 직접 체험하고, '컴퓨터와 유용한 정보'라는 주제로 패널을 직접 제작하고 이를 전시해 교내 동아리 최우수상 수여에 큰 기여를 함.

1. 1학년 당시 진로가 컴퓨터프로그래머였다는 점에서 스스로 진로와 관련된 활동을 하려고 노력한 흔적이 보이는 동아리 서술이다.
2. 단순히 '개인 홈페이지 만들기 활동을 진행함'처럼 막연한 서술이 아니라, 개인 홈페이지 만들기 활동에서 구체적으로 무엇을 경험했고, 이를 통해 어떤 능력을 배양했는지를 서술해주고 있어서 바람직해 보인다.
3. 동아리 칸에 직접적인 참가 사실과 수상 사실은 입력이 불가능하지만,

발명품이든 발표든 작품을 만들었다는 활동 사실은 언급할 수 있기 때문에, 동아리 활동으로 언급해둔다면 평가자가 수상 경력과 연결 지어 어렴풋이 수상 과정을 이해할 가능성도 있다.

4. 수상이 없다면, 활동과 관련한 책이나 논문 등을 함께 언급해주는 것도 활동 과정에 대한 평가를 긍정적으로 받을 수 있는 포인트가 될 수 있다.

● 창의적 체험활동상황 – 2학년, 3학년 동아리 활동

활동 종류	활동명[가제] + 활동 내용[요약]
동아리 활동(2학년)	[발명프로젝트반 : 자율동아리] Safe 3D 안전등을 만드는 프로젝트 과정을 진행하다가 재료에 문제가 있다는 점을 발견해, 그 문제를 해결하려고 고민하던 중에 읽던 환경 관련 책에서 재활용품을 사용해 문제를 해결할 수 있을 것이란 힌트를 발견하고 새롭게 페트병을 재활용하는 설계를 함으로써 환경과 친구의 안전을 지키는 발명을 함.
	[창의과학반] (36시간) VR, 투석기, 더치커피와 관련된 과학 원리를 설명해주고 체험할 수 있는 창의지성박람회를 준비하고 참석하면서 협력의 중요성을 깨닫고, 방문객에게 과학을 쉽게 설명하고자 최선을 다함.
동아리 활동(3학년)	[발명프로젝트반 : 자율동아리] 야간에 애견 목줄이 보이지 않아 사고가 날 뻔한 경험을 바탕으로 야간에도 볼 수 있도록 플렉시블 LED를 활용한 목줄 발명품을 제작함으로써 문제를 해결함.
	새가 투명한 학교 유리창에 부딪혀 죽는 것을 발견하고 아두이노 소프트웨어를 이용해 새들이 기피하는 것들을 조사하고 그 기피하는 조건을 만족시키는 센서를 찾아 발명품을 설계해 문제를 해결하려 함.

1. 프로젝트를 진행했다는 막연한 서술이 아니라, 프로젝트를 진행하는 과정 중에 스스로 문제를 발견하고 해결하는 과정이 서술돼 있다. 활

동 속에서 문제 해결 능력이나, 아이디어를 새롭게 제시하는 창의력 등이 돋보일 수 있게 역할 위주로 잘 서술돼 있다.

2. 다만, 환경 관련 책을 읽었다고 서술돼 있는데, 책이 의미가 있었다면 어떤 책을 읽었는지, 그 책의 어떤 부분에서 아이디어를 얻었는지 등을 자세히 서술해주는 편이 더 좋았을 것으로 보인다.

3. 창의과학반의 경우는 좋지 않은 서술인데, 발명프로젝트 반과 비교해보면 그 점이 선명하게 드러난다. 창의지성박람회에 참여했다는 사실만 알 수 있을 뿐, 그 속에서 무엇을 설명했고, 왜 그리고 어떻게 협력의 중요성을 깨달았는지 등 구체적으로 학생이 무엇을 경험하고 배웠는지 알 수 없다. 따라서 어떤 주제를 설명했는지, 어떤 갈등이 있었고, 어떻게 조율해서 협력을 이끌어냈는지 등을 언급해 탐구정신이나 리더십 등을 발휘한 모습을 평가자가 알 수 있도록 해야 더 발전된 서술이다.

4. 3학년 발명프로젝트반의 경우, 실제 수상으로 이어진 애견 목줄을 발명한 계기, 내용이 들어가 있다. 이를 통해 실생활에서 느낀 문제를 구체적인 활동으로 해결할 수 있는 학생임이 잘 드러난다.

5. 새가 유리창에 부딪혀 죽는 사고를 방지하고자 만든 발명품은 실제 발명이 아니라 설계도를 그린 것에 불과한데도, 이를 발명한 계기와 문제를 해결하는 데 아두이노 프로세싱을 활용한 점 등을 서술함으로써 실제 발명품 없이도 발명에 대한 열정, 공학적 관심, 동물에 대한 관심 등을 두루 드러내는 평가 기록이 됐다. 활동은 꼭 구체적 결과나 대단

한 결과가 있어야 하는 것이 아니다. 설계도만 있는 발명이더라도 계기와 탐구 과정을 작성해준다면 훌륭한 평가 기록이 될 수 있음을 기억해야 한다.

● 교과학습발달상황 – 1학년 [평균 내신 : 1,83] (1학기 : 2.2, 2학기 : 1.4/학기 간 성적 향상)

과목	석차 등급	과목	석차 등급	과목	석차 등급
국어I, II	1.5	수학I, II	2	영어독해작문	1
사회	1	한국사	2	과학	3

● 교과학습발달상황 – 2학년 [평균 내신 : 1,91]

과목	석차 등급	과목	석차 등급	과목	석차 등급
고전	1	미적분I, II	3	영어I	1
물리I	2	생명과학I	2	지구과학I	1

● 교과학습발달상황 – 3학년 [평균 내신 : 1,68]

과목	석차 등급	과목	석차 등급	과목	석차 등급
화법작문	1	확률과통계	3	심화영어독해II	1
생명과학II	1	지구과학II	1	기하와 벡터	2

1. 전 교과 평균 내신 성적은 오르락내리락 하고 있지만, 과학 과목을 보면 일관되게 3-2-1 등급으로 학년이 올라갈수록 성취가 좋아지고 있어서 평가자 입장에서 과학 과목에 대한 잠재적인 성장 가능성을 높게 평가할 수 있다.

2. 수학 과목을 제외하고 타 주요 과목의 성적이 우수하고, 특히 생명, 물리 성적이 우수하게 유지되고 있기 때문에 수의예과 지원에 긍정적인 평가 요소로 작용했을 것으로 보인다.

3. 다만 공대에 지원하는 학생에 비해 물리Ⅱ 과목이 선택과목으로 들어가 있지 않고, 수학 성적이 다소 아쉽다. 그 때문에 상대적으로 점수대가 높은 수의예과는 합격했으나, SKY 공대에는 최종합격을 하지 못했다고 볼 수 있다. 따라서 공대를 희망하고자 했다면, 물리Ⅱ 과목을 방과후나 별도의 활동을 통해 보충하거나 그게 힘들다면 적어도 수학 성적을 더 잘 관리했어야 했다.

과목명	세부능력 및 특기사항[요약]
고전	모둠을 이끌며 비교적 소극적인 조원의 의욕을 불러일으키려고 참여를 독려함. 작품을 이해하기 어려워하는 조원에게 따로 내용을 설명해주고 발표 기회가 있을 때 늘 모둠을 대표해 의견을 발표함. (…) 외모지상주의 및 권위주의가 만연한 현대사회에서 고전이 보여주는 다양한 소통맥락을 종합적으로 고려함으로써 고전이 지니는 가치를 이해함.
미적분	○○스터디그룹에서 활동하며 그룹 리더로서 그룹명을 정했고 매주 화요일 저녁에 6명이 모여 협력 학습을 실시함. 비록 여럿이 모이는 데에 어려움을 겪었으나 협력 학습에서 스스로 연구하고 발표한 활동이 개별학습에도 매우 효율적으로 작용해 계열 평균 성적이 1차 고사에서 2차 고사 간 8.8점 하락했으나 오히려 본인은 5.5점 상승해 교과에 대한 자신감을 갖게 됨.
생명과학	'흥분의 전도' 단원에서 PPT를 만들어 발표하고 급우들의 질문에 대답하는 활동을 하며 자신감과 발표력을 더욱 향상시킴. 발표 평가에서 급우들과 교사로부터 매우 높은 평가를 받음. (…) 핵심적인 질문을 해서 학급 전체의 질문 수준을 높이는 데에 크게 기여함.

방과후학교 (발명프로젝트반)	(2학년) 원두를 이용해 커피를 만드는 더치커피 기구를 제작해 커피를 내리고 머핀을 학생들과 나눔으로써 가정에서 부모님과 소통의 시간을 가질 수 있게 함. 커피를 받은 친구가 SNS에 소감을 올리고 릴레이할 친구를 지목하는 캠페인을 진행해 학교 내 소통 문화가 활발해지도록 함. 자전거로 등하교하는 학생들의 안전을 위해 3D 안전등을 디자인하고 제작하여 자전거에 부착하는 안전캠페인인 3D 안전등 프로젝트 활동을 함.

1. 이 학생이 다닌 학교가 세부능력 및 특기사항을 기록하는 수준이 상당히 높음을 알 수 있다. 모든 과목이 다 좋지는 않지만, 많은 과목이 평가에 유의미하게 반영될 수 있게끔 기록돼 있으므로 앞에 제시된 사례와 그 평가 관점을 잘 이해할 필요가 있다. 전체적으로 구체적인 학생 역할을 기록했다는 점, 학생이 어떻게 성적을 받게 된 것인지, 성적이라는 결과가 나오기까지의 노력 과정을 알 수 있게끔 서술했다는 점이 가장 중요하다.

2. 고전의 경우, 학생이 모둠 활동에 매우 적극적으로 참여하는 모습을 서술했고, 실제로 다양한 활동(동아리 등)에서 보여준 학생의 모습이 실제와 부합할 것이라고 평가할 수 있다.

3. 미적분의 경우, 공대를 지망하는 학생이나 수의예과를 지망하는 학생에 비해 상당히 낮은 3등급을 받았음에도 불구하고, 모둠 학습에서 주도적으로 수학을 공부한 점, 그리고 그 결과 1차 고사(중간고사)와 2차 고사(기말고사) 사이에 다른 학생들보다 성적이 높이 향상됐다는 사실 등 단순히 등급만 봤다면 알 수 없었을 학생의 노력을 서술해줌으로써 노력하는 학생임을 알 수 있었고, 잠재력을 긍정적으로 평가할 수 있었

다. 또한 3학년 교과 등급과 함께 살펴보면 실제로 3학년 수학 성적이 상승했기 때문에 대학에 와서도 충분히 높은 수학 능력을 보일 수 있는 학생이라고 종합적으로 평가할 수 있다.

4. 생명과학의 경우, 수업시간에 발표한 내용을 구체적으로 언급해줌으로써, 수의예과와 전공적합성이 있는 과목인 생명과학을 심도 있게 적극적으로 학습하려는 의지가 있는 학생이라고 평가할 수 있었다. 다만 어떤 발표 기법을 활용했는지, 교과 개념을 더 깊이 있게 이해하려고 어떤 노력을 했는지 등을 책이나 논문 등을 언급하며 구체적으로 기술했다면 더 긍정적으로 평가할 수 있었을 것이다.

5. 발명프로젝트 자율동아리의 연장선에서 방과후학교를 수강함으로써 자율동아리 활동에서 설명이 부족했던 3D 안전등이나 커피추출 발명품을 세특에서 추가적으로 설명할 수 있었고, 각각의 발명품을 만들며 이끌어 나간 활동을 통해 적극성, 리더십, 창의성, 실행력 등을 종합적으로 평가할 수 있도록 했다. 공학자적 자질을 평가하는 데는 긍정적인 자료다. 다만 이제 방과후학교는 제목만 기술할 수 있기 때문에 최대한 방과후학교의 이름을 길고 구체적으로 지어서 내용이 유추되기 쉽도록 만드는 것이 중요하다. 여전히 자소서 기술은 가능하므로 방과후학교를 가볍게 보면 안 된다.

● 독서활동상황

학년	독서활동상황[일부]
1	영화 속 생명윤리 이야기(남명진)
2	탄소문명(사토 겐타로) 조선왕조실록에 숨어있는 과학(이성규) 그린 멘토 미래의 나를 만나다(에코 주니어) 상위 5%로 가는 생물 교실(백승용)
3	수의사가 말하는 수의사(김용찬 등) 나의 직업 수의사(청소년 행복 연구실) 육식의 종말(제레미 리프킨) 육식의 불편한 진실(존 로빈스)

1. 1, 2학년 때는 뚜렷하게 눈에 띄는 독서가 보이지 않는다.

2. 3학년 때의 독서가 인상 깊은데, 수의사라는 진로를 스스로 탐색해 보았다는 사실과 함께, 육식과 육식에서 파생되는 문제인 공장식 축산 문제로 발전하며 진로에 대한 생각이 구체적으로 변하고 있다는 것이 드러난다. 단순히 성적이 좋아서 수의사로 꿈이 바뀐 것이 아니라, 수의사라는 직업과 그 직업을 가짐으로써 하고 싶은 일을 구체적으로 생각해봤다는 것이 긍정적으로 평가될 수 있다.

3. 반복해서 말하지만, 현재는 학생부 독서활동상황 칸에 책을 읽은 계기 등을 서술할 수 없게 됐기 때문에 진로활동상황 칸에 독서를 통해 생각이 발전하는 과정을 서술해주면 좋은 기록이 될 수 있다.

총 평

이 학생은 수의예과와 공과대학(기계공 계열)에 동시에 합격했다. 3년 동안 꿈이 일관되지도 않았기 때문에 기존 학생부종합전형에 대한 편견으로는 이해하기 어려운 합격 사례. 수의예과의 관점에서 본다면, 과학 분야와 생명과학에서의 높은 성취, 발명에서 파악할 수 있는 동물에 대한 관심(애견목줄, 새 충돌 방지 시스템), 수의사에 대한 성숙한 관심과 구체적인 진로 분야 설정이 합격 요소라고 할 수 있겠다. 공대의 관점에서 본다면 낮은 수학성적에도 불구하고 세부능력 및 특기사항에 수학에 대한 열정이 기록됐고 성장 가능성을 보였으며, 발명 같은 활동에서 공학자적인 창의성과 문제 해결 능력을 보인 점이 긍정적으로 작용해 수의사를 꿈이라고 적었음에도 불구하고 합격했다고 볼 수 있다.

이 학생의 사례는 동저자의 자기소개서 관련 서적에서 더 집중적으로 분석하겠지만, 발명이라는 활동을 가지고 발명 자체로는 공대적 자질을 보여주고, 동물에 관련된 발명이라는 점에서는 수의사적인 자질을 보여준 활동이라는 점을 자기소개서에 각 대학마다 다르게 어필한 전략이 두 가지 계열에서 모두 합격한 비결이다. 자신의 활동과 동떨어져 보이는 학과에 내신을 맞춰 지원하는 경우가 많아지고 있는데 그런 학생은 이 학생의 자기소개서를 참고하면 좋을 것이다(이 사례는 다른 책에서 소개한다).

자연/공학/의학 계열 선배들은
어떤 활동을 할까?

　장래희망에 따라 다르지만, 공학 계열은 주로 물리 과목과 수학교과군에서 우수한 성취가, 물리, 화학, 생명, 지질계열 학과는 각 과학 과목별 성취가 중요하게 평가된다. 각 과별로 Ⅱ 과목 수강이 가능하다면 수강하는 것이 좋다.

　인문사회 계열에서도 강조했지만 자연/공학 계열에서는 컴퓨터, 건축계열 정도를 제외하고는 비교과 활동, 특히 학생이 배우는 교과과정과 연결하지 않고 뜬금없이 보고서를 작성한다면 시간만 낭비하는 꼴이 된다. 따라서 현재 배우는 교과과정을 명확히 공부하고, 그 안에서 궁금한 점을 찾아 해결하는 식으로 비교과 활동과 교과 활동을 완전히 연계시키는 것이 좋다.

학과	교과	비교과 활동 예시 (교과 연계 활동)
건축계열	주로 수학, 미술 과목에 대한 성취가 있으면 좋고, 이과에서는 드물게 교과 성적 자체보다 전공에 대한 적합도와 그에 따른 활동이 중요하다. 대학별로 과에 설계만 속해 있는지 시공, 토목도 함께 속했는지에 따라 교과의 중요성이 조금 달라짐.	•수학 연구 동아리 •건축 탐방 동아리 •건축물 답사 보고서 •세계 건축 조사 및 발표 •건축물 모형 만들기 대회 •벽화 그리기 봉사

토목계열	주로 수학, 물리 과목에서 우수한 성적을 받으면 좋음. 다만 기계 공학이나 전기공학에 비해 건축물(건물, 다리, 도로 등)에 대한 관심을 비교과 활동에서 보여주기도 함.	• 학교나 주변 지역 환경 개선점 제안 (가로등 설치 제안 등) • 미래도시 설계 대회 ※ 건축과 토목은 성격이 아예 다르지만 고등학교에서 진행하는 활동은 유사한 경우가 많기 때문에 활동 속 역할이 매우 중요함.
기계공학	주로 수학, 물리 과목에서 우수한 성적을 받으면 좋음. 자신의 꿈과 관련 있는 수학이나 물리, 즉 기계공학이라면 동역학 부분, 전기 공학이라면 전자기역학 부분 등에 어떤 호기심이 있었고, 어떻게 해결했는지 흔적이 남아 있으면 좋다.	• 발명 동아리 • 자동차 내연기관 탐구보고서 • 로켓 만들기 대회 • 골드버그 장치 만들기
전기공학		• 물리/수학 연구 동아리 • 전자기학 분야 탐구 보고서 예) 변압기에 대한 탐구 보고서
산업공학	주로 수학 과목에서 우수한 성적을 받으면 좋다.	※ 특정한 활동이 뚜렷하게 없으며 경제경영 계열 활동을 거쳐 합격한 사례도 많다.
화학/ 화학공학	주로 수학, 물리, 화학, 지구과학, 생명과학 등 해당 과목에서 성취가 우수하면 좋고, 계열 별로 Ⅱ과목이나 심화과목이 열린다면 수강하는 것이 바람직함. 교과서에 등장하는 개념이나 실험을 바탕으로 보고서를 작성하고, 더 궁금한 부분은 책에서 찾아보는 등 호기심이 왕성하다는 흔적을 보이는 것이 중요함.	• 화학(실험) 동아리 • 산화–환원 반응 실험과 보고서 • 배터리 만들기 실험 • 총괄성 원리에 대한 실험
생명/ 생명공학		• 생물(실험) 동아리 • 조직 배양 실험을 통해 알아본 식물 공장의 성공 가능성 탐구 • 식물원 탐방과 보고서 • 생명윤리를 다룬 SF 영화 감상 및 토론 동아리

수학	주로 수학, 물리, 화학, 지구과학, 생명과학 등 해당 과목에서 성취가 우수하면 좋고, 계열 별로 Ⅱ 과목이나 심화 과목이 열린다면 수강하는 것이 바람직함. 교과서에 등장하는 개념이나 실험을 바탕으로 보고서를 작성하고, 더 궁금한 부분은 책에서 찾아보는 등 호기심이 왕성하다는 흔적을 보이는 것이 중요함.	• 수학 연구 동아리 • '모든 학생이 문제를 찍으면 1등급은 몇 점일까?'와 같이 일상 속 수학적 주제에 대한 탐구 • 또래 수학 멘토링 활동
물리학		• 물리 실험/탐구 동아리 • 수학 연구 동아리 • 물리Ⅱ 스터디/방과후학교 프로그램 • 또래 수학, 물리 멘토링 활동 • 노벨물리상 주제에 대한 간단한 역사 및 원리 탐구
신소재공학	주로 물리, 화학 과목에서 우수한 성적이 있으면 좋음.	• 화학 동아리 (소재 관련 실험이 대표적 활동) • 신소재 관련 이슈 스크랩 ※ 주로 화학계열 활동과 크게 다르지 않음.
컴퓨터공학	수학, 물리 성적이 좋은 친구들이 많지만, 교과 과목보다는 비교과 활동에서 프로그래밍 등 전공과 직접 연관 있는 활동을 경험해본 학생이 선발되는 경우가 많다.	• 정보 계열 동아리 • 각종 어플리케이션 개발 활동 (게임, 알람, 스케줄러, 필기노트, 급식 알림 어플 등) • 골드버그 장치 만들기 • 코딩 독학 동아리 • 아두이노 제작 활동
의학	생명과학, 윤리 관련 과목에서 우수한 성적이 있으면 좋음. 하지만 의대는 내신 경쟁이 치열하기 때문에 내신 등급에서 경쟁력을 갖는 것은 거의 무의미하다고 보는 것이 일반적임.	• 봉사 활동 • 생명과학 동아리 활동 • 지역 의료 접근성 연구 활동 ※ 주로 생명과학 계열 활동과 크게 다르지 않음.
간호학	생명과학, 윤리, 영어 과목에서 우수한 성적이 있으면 좋음.	• 심리 상담 활동 • 영어 스터디 ※ 주로 의학/생명과학 계열 활동과 크게 다르지 않음.